vmn

Das *merkwördige* Wörterbuch

Das *medizynische* Wörterbuch

von Anita Hessmann-Kosaris

Verlag Michaela Naumann

Gesamtherstellung: Danuvia Druckhaus Neuburg GmbH,
8858 (86633) Neuburg/Donau

Erschienen als Band 3 in der Reihe:
Das *merkwördige* Wörterbuch

Die Abbildungen stammen von dem Comic- und
Cartoonzeichner Lars Contzen.

Die Deutsche Bibliothek — CIP-Einheitsaufnahme
Hessmann-Kosaris, Anita:
Das medizynische Wörterbuch /
von Anita Hessmann-Kosaris.
(Das merkwördige Wörterbuch; Bd. 3)
Nidderau: Naumann, 1993
ISBN 3-924490-46-5
NE: HST

Vorwort

Endlich ist es da: das längst überfällige medizynische Wörterbuch, das wissensdurstigen Laien ebenso wie ausgebufften Heilkünstlern einen erhellenden Einblick in die überaus komplexen Sachverhalte der Medizin ermöglicht. Denn anstelle umschweifiger Definitionen, mit denen herkömmliche Nachschlagewerke den geneigten Leser verwirren, liefert diese geistige Schnellektüre kurz und bündig jene aufschlußreichen Erklärungen und Erkenntnisse, die zum Verständnis des fachchinesischen Vokabulars heute unentbehrlich sind.

Dabei war es durchaus kein leichtes Unterfangen, die schier zahllosen Informationen zu sammeln, zu sichten und auszuwerten. Nur durch intensive und unerschrockene Aufklärungsarbeit direkt vor Ort, so etwa in Krankenhausfluren, Klinikparks, Patiententoiletten und überfüllten Wartezimmern, konnte es gelingen, klar und unmißverständlich Auskunft darüber zu geben, was sich hinter dem von den Äskulap-Jüngern geradezu geheimbündlerisch gehüteten Wortschatz tatsächlich verbirgt.

Der Aufwand war jedoch offenkundig der Mühe wert. Schließlich belegen die landauf, landab nahezu lückenlos zusammengetragenen Daten, daß die mannigfaltigen Formulierungen der Halbgötter in Weiß keineswegs den Gelehrten allein vorbehalten bleiben dürfen. Wie der vorliegende Band zeigt, kann sich fürderhin ein jeder — vom medizinisch Unkundigen über den blutigen Anfänger im Klinikbetrieb bis hin zu dem versierten Pflegeprofi — ohne Scheu an die hehre Fachsprache heranwagen und sie freizügig anwenden. Das ist nämlich, wie emsige Benutzer des komprimierten Nachschlagewerks alsbald bemerken werden, mehr als einfach. Man/frau muß nur richtig hinhören und mit gesundem Menschenverstand die logischen Schlüsse aus den vertrackten Formulierungen ziehen. So ist die vermeintlich schwierige Terminologie in Wirklichkeit recht simpel zu entschlüsseln — weil sie verblüffenderweise aus nichts anderem als altbekannten und gebräuchlichen Wendungen besteht.

Sowohl Kommunikationsstörungen als auch Verständigungsschwierigkeiten im Medizinbetrieb sollten nunmehr der Vergangenheit angehören. So gesehen leistet dieses Fachlexikon einen geradezu unverzichtbaren Beitrag, um die vielzitierte Sprachlosigkeit zwischen Arzt und Patient zu beheben.

A

ABC-Pflaster Fußweg für Schulanfänger.

Abdomen Non-stop-Besichtigungstour zu bundesdeutschen Kathedralen.

Abfangjäger Kollegiale Titulierung für energische Vorzimmerdame des Klinikchefs.

Abgasverordnung Strenges Regelwerk für Krankenhausküchen, das den mengenmäßigen Einsatz von Kohlsorten und anderen darmgasbildenden Speisen vorschreibt.

Abrasio Unvermeidlicher Schnellstart eines Mantafahrers.

Abstrich Pessimistische Erwartungshaltung an den Therapeuten.

Adenitis Verabschiedungszwang. Häufig zu beobachten bei Ärzten, die von Patienten mit ansteckenden Krankheiten konsultiert werden.

Aderlaß Abrechnungstechnischer Terminus für lukrative Rechnungsstellung.

Adipositas Laxanzienverschlingende griechische Göttin der Korpulenz.

Aerobier Helles, schaumloses Pils, das Passagieren auf internationalen Fluglinien gereicht wird.

Aerosole Bürokratenlatein für anatomisch angepaßte Dämpfungssohle, die vor allem von Leisetretern bevorzugt wird.

Afferent Verhaltenspsychologischer Terminus für affiges Getue eines Kollegen oder Klienten.

Aftervorfall Englisches Lehnwort für verspätetes Ereignis.

Agoraphobie Unüberwindliche Abneigung gegen kuschelweiche Flauschpullover.

Akalkolie Weitverbreitete Rechenstörung, von der Handwerker häufig betroffen sind. Charakteristisch ist die Unfähigkeit, Kosten für geplante Arbeiten richtig zu kalkulieren.

Akinetose Bewegungsmangelkrankheit der Cineasten. Entsteht durch zu langes Verweilen auf engen Sitzplätzen in Lichtspieltheatern.

Aktivator Fleißiger Vorgesetzter mit Entscheidungsbefugnis.

Akupressur Gründliches Plätten von Schwesternhäubchen mit einem aufladbaren Handgerät.

Akupunktur Sticheleien, die einem den Nerv töten.

Aldehyde Fränkische Mundart für unmoderne Kopfbedeckungen. Wird im übertragenen Sinn auch für überholte Ansichten verwendet.

Algophobie Saisonale Furcht der Reiseveranstalter vor üppig wachsenden Meerespflanzen am Badestrand.

Alkoholiker Suchtkranke, die mehrmals täglich ihr blaues Wunder erleben.

Alkoholtest Promille-Experiment mit weißen Mäusen.

Alloplastik Objektkunst in Berchtesgadener Privatklinik, vorzugsweise mit dem Knochenmeißel gefertigt.

Alpdrücken Kraftvolle Technik der Stuhlentleerung. Wird vornehmlich von den Bewohnern des Voralpenraums beherrscht.

Alteration Zurückgelegte Medikamentenreserven, die das Verfallsdatum erreicht haben.

Ambulantes Operieren Neuer Trend in der Medizin, bei dem einst arbeitslose Ärzte übers Land ziehen, um hier und da allerlei einschneidende lukrative Eingriffe vorzunehmen. Mit Blick auf die erforderliche Kostendämpfung eine willkommene Alternative zum teuren Klinikaufenthalt.

Amelie Bei Ärzten ein fast so beliebter Frauenname wie Anämie oder Angina.

Antigen Aus dem japanischen Rikscha-Wörterbuch für »Lauf-Faul«.

Antikörper Sexualmedizinischer Fachausdruck für eine nun wirklich sehr unattraktive Krankenschwester.

Antlitzdiagnostik Die Krankheit wird hierbei an der Nasenspitze abgelesen.

Aphonie Absolute Unfähigkeit, die kleinen Knöpfe an den moderen HighTech-Phonogeräten zu bedienen.

Aphrasie Ausgeprägte Abneigung gegen Phrasendreschen.

Aponeurose Eine diffuse Spätkomplikation der 68er Generation. (»Was lange gärt, wird endlich Wut.«)

Apotheke Treffpunkt von trinkfesten Mitgliedern der einstigen Apo-Szene. (»Lieber jedes Maß voll als immer maßvoll.«)

Apparatemedizin Arzneien und andere medizinische Hilfsmittel, die vom Patienten an modernen AOK-Selbstbedienungsapparaten rund um die Uhr gezogen werden können (Scheckkarte genügt). Eine vom Apothekerverband begrüßte Neuentwicklung im Zuge der Rationalisierung des Gesundheitswesens.

Appendizitis Unfähigkeit vieler Medizinstudenten oder Doktoranden, in wissenschaftlichen Arbeiten Register, Glossare oder Literaturverzeichnisse sachgerecht zu erstellen.

Applikation Apartes Stickwerk am Arztkittel. Zeigt Patienten diskret und geschmackvoll den Rang des behandelnden Heilkünstlers an.

Approbation Feierliche Beurkundung der amtlich vorgeschriebenen 30monatigen Probezeit von Ärzten im öffentlichen Dienst.

Apraxie Zu gut deutsch: »Praxislosigkeit«. Terminus aus dem Arztrecht für allzulanges, erfolgloses Herumdoktern aufgrund fehlender praktischer Kenntnisse. Siehe auch »Arzt im Praktikum«.

Arbeitsmedizin Alkohol in kleinen, flachen Flaschen, die in jede Kitteltasche passen und kaum auftragen. Diese Arbeitsmedizin ist auch für anderen Berufgruppen unentbehrlich.

Arbeitsmediziner Berufsgenossenschaftliche Bezeichnung für »Fleißigen Arzt«. Erhält nach zehnjähriger Dienstzeit den »Workaholic-Orden« erster Klasse.

Arteriole Regelmäßig wiederkehrende Kunstausstellung in Arztpraxen.

Arthroskopie Ein Lichtblick für das Kniegelenk.

Articulatio Schwerverständliche Ausdrucksform der Kunsttherapie.

Arzneimittelprüfung Im Arzneimittelgesetz vorgeschriebene Zwischenprüfung, der sich alle niedergelassenen Ärzte ab dem 65. Lebensjahr stellen müssen. Abgefragt werden maximal fünf Medikamente, ihre Wirkungsweisen, Begleiterscheinungen, Preise und Hersteller. Als Nachschlagewerke sind

Applikation

während der sechstündigen Prüfung je eine rote und gelbe Präpareteliste erlaubt.

Ärztekammer Viel zu kleiner Aufenthaltsraum im Krankenhaus, der nur von approbierten Halbgöttern in Weiß aufgesucht werden darf.

Arztgattin Lebensgefährtin eines Äskulap-Jüngers, die seit der Hochzeit in der freien Arztwahl erheblich eingeschränkt ist.

Arzt im Praktikum Begriff aus der Erfahrungsmedizin. Der von der Ärzteschaft mit AiP abgekürzte Auszubildende muß achtzehn Monate lang praktisch alle Handlungen über sich ergehen lassen, die er später als vollwertiger Mediziner seinen Patienten angedeihen läßt.

Astrozyste Sternförmige Geschwulst bei Astrologen.

Ataxie Unfähigkeit sparsamer Kassenpatienten, ein Taxi zu bestellen. Läuft häufig auf kostenlosen Transport mit Krankenwagen hinaus.

Atelektase Sogenannte Televisions-Besessenheit. Tritt als Massenphänomen nur bei Fernsehkonsumenten auf. Ist durch eingeschränkte Wahrnehmungsfähigkeit der Umwelt gekennzeichnet.

Atonie Plötzliches Verstummen des Patienten beim Anblick einer Spritze.

Atresie Das körperliche und geistige Unvermögen, dem Schanktisch beizeiten den Rücken zu kehren.

Augenkammer Sammelstelle für Glasaugen im Krankenhaus. Bei auswärtiger Unterbringung in speziellen »Augenhöhlen« gelagert.

Auskultation *Erstens:* Stasi-Jargon in Anlehnung an das lateinische auscultatio = aushorchen.
Zweitens: Freiwilliges Aufgeben kultureller Werte.

Ausschaben Kammerjägerlatein für das gründliche Vernichten von Schaben, die sich in der Krankenhausküche eingenistet haben.

Ausschlag Unwillkürliche Reaktion einer Krankenschwester auf die plumpen Annäherungsversuche eines Patienten.

Autophonie Therapieresistentes, krankhaftes Musikhören im Auto.

Autopsie Psi-Phänomen in der Autowerkstatt.

Autosom Oberbegriff für alle gesundheitlichen Störungen, die durch häufiges Autofahren entstehen.

AV-Knoten Kunstvolle Technik der Darmverschlingung. Bei Mißlingen entsteht ein AV-Bündel.

Azidose Ableitung vom mittelhochdeutschen Acid = Beere, meint damit die weithin bekannte Beerendose, zum Sammeln von Lorbeeren auf medizinischen Kongressen.

B

Bachblütentherapie Kurzform für die vom ehrenwerten Herrn Bach vorgelebte Praxis, dem Patienten Therapievorschläge nur durch die Blume zu unterbreiten.

Badearzt Mit allen Wassern gewaschener Heilkünstler.

Baldrian Führt über kurz oder lang zum Schlendrian.

Balkenblase Volksmund für robuste Blase, die selbst ärgsten Klimaschwankungen widersteht. Die Balkenblase wurde durch jahrelanges Training bei Wind und Wetter auf schlichten, aber nicht minder stabilen »Donnerbalken« naturnaher Freilufttoiletten abgehärtet.

Ballaststoff Fettleibige tragen ihn mit sich herum, um nackte Wahrheiten zu verhüllen. Wer gut betucht ist, hat paradoxerweise meist einen Ballaststoffmangel.

Balneologie Österreichische Perfektion, moderne gesellschaftliche Bälle tadellos zu organisieren.

Barium Häufig frequentierter Treffpunkt für alkoholabhängige Klinikinsassen.

Bauchwassersucht Entsteht, wenn die Leber den ganzen Suff ausbaden muß.

Befund Manchmal nichts anderes als ein Armutszeugnis.

Belegarzt Facharzt, der nur gegen sofortige Zahlung und Quittung (Beleg) zur Behandlung des Patienten bereit ist.

Berufskrank Patienten, die regelmäßige Bezüge für ihr Kranksein einstreichen.

Besenreiser Putzkolonne im Krankenhaus.

Bettnässen Lokale Anwendung der Kneippschen Hydrotherapie.

Bettpfanne Spezieller Behälter, in dem die Patienten an den Wochenenden ihre Speisen unter der Bettdecke warmhalten können. Stellt eine wesentliche Erleichterung für die Arbeitszeitplanung des Pflegepersonals und der Ablauforganisation dar. Trägt somit zur Kostendämpfung bei!

Beugekontraktur Teilweise oder völlige Versteifung des Rückgrats. Gilt bei Staatsbediensteten als anerkannte Berufskrankheit.

Bilirubin Juwelierjargon für überaus preiswerten roten Edelstein.

Biometrik Unumstößliches Versmaß der dichtenden Schriftstellerärzte.

Biorhythmus Kontrollierter Uhr-Instinkt.

Bioverfügbarkeit Zeitspanne, die erforderlich ist, um pflückfrisches Obst und Gemüse in der Krankenhauskantine matschweich zu kochen und dem Patienten lauwarm zu servieren.

Blackout Hinweisschild an einer Klinik in Südafrika.

Blähsucht Wird meist bei ärztlichen Standespolitikern beobachtet, die viel Wind machen, obwohl bei ihnen die Luft längst raus ist.

Blaukreuz Der freiwillige Tag-und-Nacht-Rettungsdienst der anonymen Alkoholiker.

Blausucht Variante der Bleichsucht. Gekennzeichnet durch krankhaftes Streben nach Adelstiteln und der damit verbundenen Blaublütigkeit.

Bleichsucht *Erstens:* Auch als MJS-Syndrom (nach dem amerikanischen Megastar Michael Jackson) bekannt. Eine in der farbigen Popszene weit verbreitete Sucht, mit Cremes und anderen Extrakten die Haut gnadenlos aufzuhellen. Im fortgeschrittenen Stadium oft kombiniert mit Gesichtskorrekturen.
Zweitens: Neurotische Zwangshandlung, geht bei Hausfrauen stets mit Reinweichtick einher. Meist ausgelöst durch suggestive Werbebotschaften von Waschmittelherstellern.

Blue Baby *Erstens:* Neuere englische Adelsbezeichnung für ein Kind, das von einem Lord durch künstliche Befruchtung im Reagenzglas gezeugt wurde.
Zweitens: Amerikanisches Kosewort für tapferen Anfänger im Boxring, der mit einem blauen Auge davongekommen ist.

Blutbank Berufsständisches Geldinstitut für Chirurgen.

Blutbild Gattungsbegriff für ein von Aktionskünstlern angefertigtes Gemälde, für das anstelle synthetischer Industriefarben zapffrisches Blut verwendet wurde. Derlei Werke gehören auf der Kasseler »documenta« längst zum Standardrepertoire.

Blutgefäß Von Vampiren bevorzugter, lichtundurchlässiger Behälter zur Aufbewahrung des kostbaren Lebenssaftes.

Blutgruppe Freiwilliger Zusammenschluß von Patienten, die den gleichen Rhesusfaktor haben.

Blutsenkung Zinsabschlag auf der Blutbank.

Blutspenden Zwischenfälle führen meist zu bösem Blut . . .

Blutspucken Traditioneller Wettkampf im Lungensanatorium.

Blutwäsche Intensiver Kochwaschgang für stark beanspruchte OP-Kleidung.

Bougie Amerikanische Jazzerkrankheit, geht meist mit Woogie einher.

Brandblasen Altbewährte Technik zur Anfeuerung ofenbeheizter Wartezimmer: Patienten und Pflegepersonal blasen abwechselnd aus Leibeskräften in die Glut, bis sich endlich die Flamme schön entzündet.

Brechreiz Zwanghafte Faszination, die von filigranen Dingen (Blumen, Eiszapfen, Finger, Stalaktiten) ausgeht.

Brechwurz Bayerischer Schwesternjargon für Kotzbrocken, einer abfälligen Bezeichnung für wenig sympathische Klinikgenossen.

Brechzentrum Mit staatlichen Mitteln geförderte Therapieeinrichtung für Patientinnen mit Bulimie und Anorexia nervosa.

Brillenhämatom Bluterguß am Allerwertesten, verursacht durch unebene Toilettenbrille oder zu langes Verweilen auf derselben (etwa durch das von Politikern geübte »Aussitzen«).

Bronchialbaum Besondere Gattung von stark verästelten Bäumen, die gerne in den Grünanlagen von Lungensanatorien Wurzeln schlagen.

Brucellose Ernährungswissenschaftliche Sammelbezeichnung für bewährte Zubereitungstechnik in der Krankenhausküche, mit der den Vitaminen durch langes Köcheln endgültig der Garaus gemacht wird.

Bruchpforte Wienerisch: Äußerst baufälliger, aber unter Denkmalschutz stehender Eingang zum Spital.

Brückenangst Oftmals begründete Furcht von Patienten und Dentisten vor dem Einsetzen der neuen Zahnprothese.

Brutkammer Medizinerslang für schlecht klimatisierten Speiseraum mit absolut sicherer Insektenvermehrung.

Buckel Körperteil, an dem überarbeitete Schwestern die Patienten verbal herunterrutschen lassen.

Buckeln Beamtenstellung mit Pensionsanspruch.

Bulbus Neckische Bezeichnung für Mannschaftswagen der Polizei.

Bulimie Übersteigerte Abneigung gegen Polizisten.

B-Zellen Behandlungszimmer zweiter Klasse.

Chiasma-Syndrom

C

Candidosis Aus dem Angelsächsischen übernommener Terminus für die nach der Krankenhaussatzung festgelegte Menge von Bonbons und Pralinen, die der Schwester zum Abschied überreicht werden darf.

Catgut *Erstens:* Englisch-neudeutsches Fachwort. Bedeutet soviel wie günstige Prognose für den Krankheitsverlauf bei Katzenhaltern.
Zweitens: Ist die Katze gesund, freut sich der Mensch. Ist der Mensch gesund, ist das der Katze ziemlich schnurz.

Cellulose Leichte Desorientiertheit, sehr häufig bei Patienten zu beobachten, die zu lange in kleinen Krankenzimmern ausharren mußten.

Chalkose Medizinisch für Spaßvogeltick. Zwanghafter Drang zum Pausenclown. Diagnose durch Nachweis von Schalk in den Augen.

Cheilitis vulgaris Aus dem Neugriechischen, heißt soviel wie loses Mundwerk. Überwiegend bei Jungmedizinern zu finden.

Chiasma-Syndrom Durch Engstirnigkeit hervorgerufene Sehstörung mit Scheuklappenempfindung. Typisches Funktionärsleiden.

Chiropraktik Bankersprache für die weithin geübte Praxis der Geldinstitute, Soll-Beträge auf dem Girokonto sofort mit Zinsen zu belasten und Guthaben erst nach einigen Tagen zu überweisen.

Chirurg *Erstens:* Medizinischer Änderungsschneider, der einschneidende Maßnahmen am Menschen vornimmt.

Zweitens: Adressat eines Zweizeilers von Eugen Roth: »Wenn du auch noch so gut chirurgst, es kommt der Fall, den du vermurkst.«

Cholera Meldepflichtiger Wutanfall.

Cholesterin-Spiegel Wird schwerwiegenden Patienten ständig vorgehalten. Für Herztodforscher das Gelbe vom Ei.

Chorditis *Erstens:* Entzündung der Stimmbänder bei Chorsängern.
Zweitens: Neuzeitlicher Sonderfall von Massenhysterie. Retrospektiven Studien zufolge tritt die anfallartige Sangeslust vermehrt nach Konzerten der Fischerchöre auf.

Chromatose Zwanghafte, meist gutartige Neigung junger Assistenzärzte, das silbrig-glänzende OP-Besteck als Souvenier einzusacken.

Compliance Englisches Fachwort für komplizierte Komplizenschaft zwischen Arzt und Patient.

Coronar-Reserve Eiserner Bestand an Spenderherzen für Herztransplantationen.

Coxa Ärzteslang für behandlungsbedürftigen Drogenabhängigen, der häuptsächlich Koks und andere heiße Stoffe inhaliert.

Crista Schwesternschülerin auf Orthopädie-Station.

Cumarin *Erstens:* Chinesischer Beamter, Erfinder des Kummerkastens.
Zweitens: Niederbayerische Aufforderung »Kommherein«.

D

Dachziegelverband Althergebrachte zünftige Verbandstechnik auf dem Bau, unter Zuhilfenahme von Dachziegeln. Dient zur Ruhigstellung von Knochenbrüchen jeglicher Art.

Dauerausscheider Sportlerjargon für ewigen Verlierer (neudeutsch auch »loser«). Im allgemeinen übertragbar auf Versager im Berufs- und Privatleben. Siehe auch Dauertropf.

Dauertropf Adaption aus dem Mittelhochdeutschen: ein armer Schlucker. Wobei in Norddeutschland eher ein sozialschwacher Alkoholiker gemeint ist, während die Süddeutschen ganz allgemein einen Pechvogel als Dauertropf bezeichnen. Häufiger Folgezustand eines Dauerausscheiders (siehe dort).

Defibrillieren Morgendlicher Vorbeimarsch der Ärzteschwadron.

Depression Zu gut deutsch: Druck ablassen. Einfache Selbsthilfetechnik, die von Kranken und Gesunden mitunter virtuos beherrscht wird. Charakteristische, vor allem akustische Ausdrucksformen entstehen durch Entweichen von Darmgasen, kräftige Rülpser oder lautes Schreien.

Dermatom Erfahrener Heilkundler, der seinen Patienten tüchtig unter die Haut geht.

Desinfizieren Eine Hand wäscht die andere.

Diagnostik Zwischensumme aus Zufall, High-Tech und Empathie.

Diarrhö Plötzlich einsetzende Fluchtreaktion bei Lichtbildervorträgen.

Diät Ziemlich mageres Thema, das Illustrierten fette Umsätze beschert.

Dilation Von Laien ausgeführter stümperhafter Therapieversuch.

Down-Syndrom *Erstens:* Typische Befindlichkeitsstörung von Privatpatienten nach Erhalt der Arztrechnung.
Zweitens: Charakteristischer Ermüdungszustand bei Jungärzten vor der ersten Nachtschicht.

Durchfall Ein entgangenes Geschäft.

Dysbakterie Verhaltensgestörte Bakterien.

Dystonie Experimentelle Musiktherapie.

E

Echo-Viren Verursachen eine regelmäßig wiederkehrende Infektion, vor allem in heimischen Gebirgszügen. Befallene Touristen werden von Jodelzwang gepackt. Erste Attacken sind meist durch vermehrten Almdudlerkonsum zu lindern.

Eierstock Kunstvoll geschnitzer Palpationsstab zum Betasten der Hoden.

Eileiter Kletterstange für Hühner in der Legebatterie. Soll dem Federvieh die Fitneß erhalten und so zur Produktion sportiver Eier anregen.

Einlauf Allmorgendliches Ritual der Chefvisite.

Eiserne Lunge Neue medizintechnische Entwicklung, die bestehende Transplantationsengpässe überbrücken soll. Patient bekommt bis zur endgültigen Übertragung eines Spenderorgans die stabile (und mittlerweile auch garantiert rostfreie) Eisenlunge eingepflanzt.

Ejakulation Samenspende bei den Jakuten, einem nordasiatischen Volksstamm.

EKG *Erstens:* Offizielle Abkürzung für »Eine kleine Gabe«. Die allerorten diskret angebrachte Erinnerung an das wohlverdiente Trinkgeld fürs Pflegepersonal ist gelegentlich aber auch in Arztpraxen zu sehen.
Zweitens: Elektrisches Gerät, das für das Leben des Patienten oft den entscheidenden Ausschlag gibt.

Ellenbogen *Erstens:* Maßeinheit für die zwischenmenschliche Distanz.
Zweitens: Braucht jeder, der sich im täglichen Nahkampf durchboxen muß.

Eminentia Hochgestellte Persönlichkeit mit auffallendem Höcker und wulstigen Lippen.

Endothelium Religiöse Schrift mit Weltuntergangsvisionen.

Entbindung *Erstens:* Psychiatrieslang für Öffnen der Zwangsjacke.
Zweitens: Juristendeutsch für Trennungszeit vor dem Scheidungstermin.

Enteritis *Erstens:* Medizinische Bezeichnung für Watschelgang.
Zweitens: Codewort für Führungsstil »by duck«: Den Kopf über Wasser halten, an der Oberfläche die Ruhe selbst sein — aber darunter heftig treten ...

Entzündung *Erstens:* Vorgang, bei dem das Feuerwerk an Sylvester zur Explosion gebracht wird.
Zweitens: Gelungene Stillegung eines trockenen Brandes.

Ephelides Sonnige Insel in Griechenland. Bei Kururlaubern sehr beliebt.

Erbgut Die derzeitigen Besitztümer unserer Erzeuger.

Erreger *Erstens:* Männer, die selbst bei klirrender Kälte den Wintermantel weit aufreißen.
Zweitens: Knurrige Patienten, die sich über alles und jeden im Wartezimmer laut und vernehmlich auslassen.

Erythematodes Griechischer Halbgott, bevorzugte bläulichrote Gewänder.

et al Lateinisch für »ferner liefen«. Dieser Zusatz ist häufig in wissenschaftlichen Veröffentlichungen zu lesen, bei denen der Autor seine tüchtigen Mitarbeiter — aus pädagogischen Gründen — nicht beim Namen nennen will.

Eugenik Von Eugen dem Großen aufgestellte Theorie, daß wir jedes Zipperlein unseren Altvorderen verdanken.

Extremitäten Ausgefallene Dinge tun.

Fibrille

F

Faulbrand Dunkler Schnaps mit eigentümlichem Güllearoma. Nicht für Diabetiker geeignet.

Fäulnisdyspepsie Magenbeschwerden nach längerandauerndem Nichtstun.

Felsenbein Typische Deformierungen der Beine bei passionierten Bergsteigern. Gelegentlich auch als Morbus-Trenker bezeichnet.

Femoralis Die Morallehre strenggläubiger Krankenschwestern.

Fensterung *Erstens:* Beliebte Variante der Kneippschen Frischlufttherapie. Vorzugsweise in Stadtkrankenhäusern mit mäßiger Grünfläche anzuwenden: zwei kräftige Pfleger halten den Kranken kopfüber aus dem Fenster, bis Blässe der Füße und Hervortreten der Augen auf ausreichende Durchblutung des Schädel schließen läßt.
Zweitens: Neuartige Operationstechnik, bei der der Patient ein handgroßes Plexiglas in die Bauchdecke eingesetzt bekommt, damit er durch dieses Fenster seine Verdauungsvorgänge beobachten und rechtzeitig der diensthabenden Schwester melden kann.

Festbeträge Stattliches Honorar für kurative Bemühungen, die von Kassenärzten an Festtagen erbracht wurden.

Fibrille Altdeutsch: Optische Sehhilfe für schwachsichtiges Ackervieh.

Fingerbeere Beerenobstgattung, leicht von Hand zu pflücken.

Fingersprache Mühelos zu erlernende und daher auch weitverbreitete Kommunikationstechnik im

Krankenhaus. Einfache Deutungen, wie etwa mit dem Zeigefinger an die Stirn tippen, werden allgemein verstanden.

Fixer Norddeutsches Kosewort für einen besonders schnellen Mediziner.

Flatulenz Klimatologendeutsch für geräuschvolle Entlüftung.

Flatus Altrömischer Gelehrter. Auch heute wird noch viel Wind um die nach ihm benannten unflätigen Äußerungen gemacht.

Fliegende Hitze Wetterkundliche Bezeichnung für warme Winde aus Südwest.

Fontanellen Gruppe von sechs Inseln im Pazifik.

Fraktur *Erstens:* Gesprächsführung von Ärzten mit schwererziehbaren Patienten.
Zweitens: Reise zu einem gesellschaftlichen Ereignis, bei dem eine weiße Weste vorgeschrieben ist.

Freß-Sucht Eß-Kalation mit Messer und Gabel . . .

Frigidität *Erstens:* Aus dem Eskimo-Wörterbuch für Frauen, die ihren Mann besonders eisig empfangen können.
Zweitens: Schutz vor zuviel menschlicher Wärme durch Kälte.

Frischzellen Patientenjargon für kalte, zugige Einbettzimmer.

Froschtest Soziologischer Fachausdruck für Mutprobe. (»Sei kein Frosch!«)

Frühchen Kosewort für emsige Krankenschwester, die regelmäßig Frühdienst schiebt.

Fußpilz Weitverbreitete Pilzart, die besonders gut in feuchtwarmen Gefilden gedeiht. Wird von Sammlern jedoch meist mit Füßen getreten.

G

Galaktose Unbegründete Furcht von Astronauten vor dem Flug ins All.

Gallengang Steinige Pilgerroute zur Heilquelle im Schweizer St. Gallen.

Gangrän Krankenhauskoller von Patienten, die samt Bett auf dem Gang vergessen wurden. Tritt meist nach fünf bis zehn Tagen ein.

Gehirnjogging Training zur Steigerung der geistigen Leistungen. Vorsicht: Wird von niedergelassenen Ärzten als Sofortmaßnahme verordnet, sobald Patienten den Krankenschein vergessen.

Gehirnschlag Ein von Boxsportlern sicher plazierter Hieb, der lange Zeit im Gedächtnis haften bleibt.

Gelbsucht Besonders charakteristischer Drang, sich gelb zu kleiden und sich in gelbgetönten Räumen aufzuhalten. Führt zwangsläufig zur Gelbfärbung von Haut und Augen. (Siehe auch Bleichsucht und Blausucht.)

Generika Die in der Fachwelt heftig umstrittene genetische Manipulation von blaßblauem Heidekraut.

Genitalien Internes Kürzel der Verkehrswacht für kilometerlange Staus in Richtung Italien.

Gerstenkorn Vegetarischer Schnaps für Patienten. (Siehe auch Hagelkorn.)

Geschlossene Abteilung Klinikinterner Fachausdruck für eine Station, die wegen Patientenmangels komplett dichtgemacht wird.

Geschwür Abfällige Bemerkung eines Advokaten über den Meineid.

Gesundheit Aufmunternder Ausruf alle Umstehenden, sobald ein erkälteter Mitmensch mit lautem Niesen seine Bazillen unters Volk streut.

Gesundheitswesen Vielbeschriebenes Fabeltier, das nur sehr schwer zu fassen ist.

Gigantismus Architektonischer Fachbegriff für nicht überwundene Epoche der Klinikgroßbauten.

Gipsverband Interessenvertretung des gipsverarbeitenden Handwerks.

Gitterlunge Chronische Atemwegserkrankung, von der ausschließlich Mitmenschen hinter schwedischen Gardinen betroffen sind.

Gletscherbrand Starkes alkoholisches Gebräu zur Stärkung der unermüdlichen Bergwacht.

Gliederreißen Traditionelle bayerische Kampfsportart auf dem Oktoberfest.

Globusgefühl Charakteristische Wahrnehmung der Astronauten, sobald sie wieder einen Fuß auf Mutter Erde gesetzt haben.

Glossitis Krankhafte Neigung von Journalisten, jedes nur denkbare Mißgeschick mit hämischen Kommentaren zu versehen.

Glukosemesser Zu deutsch: Zuckermesser. Spezialwerkzeug für alternative Diabetiker zur Herstellung von Würfelzucker.

Glykoside Neulateinischer Oberbegriff für Glückspillen, die selbst gebrochene Herzen freudig höher schlagen lassen.

Gram-Positiv Psychotherapeutische Wendung für Menschen, die ihren Kummer besser in den Griff bekommen als beispielsweise die Gram-Negativen.

Grauer Star *Erstens:* Respektvolle Huldigung des dienstältesten Chirurgen, der das Pensionsalter erreicht hat.
Zweitens: Bekannter Sprecher der Seniorenorganisation Graue Panther.

Grüner Star *Erstens:* Herausragender Vertreter einer Umweltpartei mit medienwirksamer Ausstrahlung.
Zweitens: Zahmer Vogel, der vorzugsweise in Augenkliniken sein Nest baut.

Grützbeutel *Erstens:* Kleiner Stoffbehälter zum wochenlangen Aufbewahren von Roter Grütze in der Klinikküche.
Zweitens: Von Recyclingspezialisten entwickelter eßbarer Wäschesack aus getrockneter Grütze.

Gürtelrose Begehrte Auszeichnung von Sanatoriumsgärtnern für Anbau exotischer Rosensorten, so etwa der Neurose, Arthrose, Nekrose, Fibrose, Argyrose oder Sklerose. Die Gürtelrose wird einmal im Jahr von einer unabhängigen Jury vergeben und genießt unter den Landschaftsgestaltern ähnliche Wertschätzung wie der schwarze Gürtel beim Judo.

Gynäkologe Arzt, der häufig Abstriche machen muß.

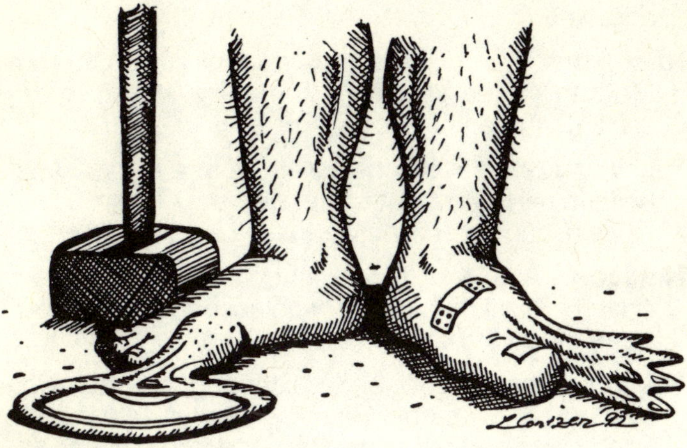

Hammerzehe

H

Hackethal Tiefebene in Bayern, in der bösartige Raubtierkrebse bekämpft werden.

Haftschalen Stabile Mehrzweckschüsseln in Strafanstalten.

Hagelkorn Ein dickflüssiges alkoholisches Gebräu. Meist in Augenkliniken zu Therapiezwecken eingesetzt. (Siehe auch Gerstenkorn.)

Halbwertszeit Hilfreicher Karteivermerk der Arzthelferin bei Kassenpatienten. Der Arzt erkennt so auf Anhieb, daß sein Zeitaufwand nur halb soviel wert ist.

Halogen Aus dem Lateinischen halo = hauchen, duften. Bezeichnung für wohlriechende Patienten ohne Mundgeruch.

Hammerzehe Saloppe Bezeichnung aus der Notfallmedizin für die bei Bauarbeitern typische Verletzung einzelner Zehen, ausgelöst durch das traditionelle Fallenlassen des Hammers beim Feierabendgong.

Hämorrhoiden Inselgruppe in der Po-Mündung.

Handteller Kleiner Teller, der sich bei großzügigen Stehempfängen der Pharmaindustrie mühelos randvoll füllen läßt — und vom Arzt erst aus der Hand gegeben werden muß, wenn das Büfett restlos abgeräumt ist.

Harnleiter *Erstens:* Kleine in der Urologie verwendete dreistufige Leiter, von der der Patient mehrfach hinunterspringen muß, damit sich die Harnsteine lösen.
Zweitens: Diensthabender Beamter in einer öffentlichen Bedürfnisanstalt.

Hausbesuche *Erstens:* Ärztliche Serviceleistung, die in den ersten Monaten nach der Praxisgründung zum Standard gehört. Muß mit zunehmend florierender Praxis auf absolute Notfälle beschränkt werden. Ein neuzeitliches Telefon mit Tonbandansage verweist lästige Anrufer direkt an den ärztlichen Notdienst.

Zweitens: Hausbesuche werden in Arztbiographien meist in sibirisch-kalte Winternächte verlegt; führen selbst bei allerärgstem Sudelwetter literarisch stets zu einem erbaulichen Ende.

Hepaton Zu gut deutsch: Leberton. Unverwechselbarer Klang der Leber, wenn sie alkoholische Flüssigkeit verarbeitet. Nur von geübten Medizinern mit dem blanken Ohr wahrzunehmen.

Herdausräumung Unbeliebte Säuberungsaktion in der Klinikküche, bei der festgebackene Krusten und sonstige Reste einmal im Jahr aus der Backröhre entfernt werden.

Heroin Medikamentenabhängige Hauptdarstellerin in einem berauschenden Bühnenwerk.

Herzangst Die mittlerweile sogar vertonte Furcht Heidelberger Medizinstudenten, sie könnten ihr Herz vor Ort verlieren.

Herzjagen Insiderjargon der Transplantations-Chirurgen für intensive Suche nach Spenderherzen.

Herzklopfen Ebenso bewährte Küchentechnik wie Schnitzelklopfen. Soll das Fleisch zart und leichter bekömmlich machen. Wichtig bei Zubereitung von Herzragout für die Magenschonkost.

Herztöne Was der Arzt zu hören bekommt, wenn das Herz auf seine Gesundheit pocht.

Hexenschuß Volkstümliche Bezeichnung für Stuhlinkontinenz bei alten Weiblein.

Hirnlappen Mittelhochdeutsches Lehnwort für Kopftuch.

Histologe Geschichtswissenschaftler.

Hoden Fast jeder zweite Erdenbürger trägt sie paarweise in einem Sack. Manche Sportler verpacken sie zusätzlich in stabile, stoßsichere Behältnisse.

Hohlkreuz Medizinische Definition für Zeitgenossen ohne Rückgrat.

Homogenisierung Maßnahmen, die dem Vollzug der gleichgeschlechtlichen Liebe dienen.

Homöopath Naturheilkundler, der nach dem Motto »Gleich und gleich gesellt sich gern« lebt. Im Volksmund auch verständnisvoll »Homos« genannt.

Hormone Mitglied einer in den Vereinigten Staaten weitverbreiteten Sekte, die auch heute noch die Vielweiberei erlaubt.

Humanität im Krankenhaus Stellenplan mal Zeit pro Betteneinheit.

Humoral Altrömisch: lustig. Selten vergebenes Attribut für den Vortragsstil von Professoren an bundesdeutschen Universtitäten.

Hungerödem Dicker Bauch bei Menschen, die mit ihren Pfunden wuchern.

Hustenlöser Letzte Note in einem Klaviersatz.

Hydrophobie Unerklärliche Abneigung gegen jegliche Grünpflanzen, die in Hydrokultur wachsen.

Hydrops Schmackhafte Lutschbonbons gegen permanente Mundtrockenheit.

Hydrotherapeut Heilkundler, der durch die Anwendung von Wasser seine Schäfchen ins Trockene bringt.

Hyperchromie Zwanghafter Drang von Autofahrern, ihren Luxusschlitten mit viel Chrom und Glitzer zu bestücken.

Hyperkinese Anthropologische Kategorisierung für seltene Erscheinungsform eines großwüchsigen Asiaten.

Hyperlogie Gehobener Schwesternjargon für Bettenüberbelegung.

Hypersekretion Verschlüsseltes Fachwort aus dem Geheimagentenbrevier für übersteigertes Sicherheitsbedürfnis.

Hyperventilation Kritikpunkt im Krankenhausprüfbericht über zu häufig eingeschaltete Klimaanlagen.

Hypotonie Neulateinisch: Hypotonus = herabgesetzter Ton. Terminus der Ohrenärzte für Flüstertest.

I

Idiopathisch Schlichte medizinische Umschreibung für unheilbar blöd.

Impotenz Zu deutsch: Absinkendes Interesse. Medizinisch: Sicherste Form der Empfängnisverhütung.

Indoktrination Österreichischer Ausdruck. Heißt soviel wie »der Patient ist in den Behandlungsräumen«.

Indolenz Meteorologenkürzel für frühlingshaftes Wetter wie zu Zeiten der Indogermanen.

Infektkette Spezialanfertigung aus dem Labor, mit der die Überträger von Infekten bis zum Abklingen der Erkrankung in Ketten gelegt werden.

Infusion *Erstens:* Medizinische Maßnahme, bei der der Patient um seine schmackhaften Mahlzeiten gebracht wird. Statt dessen servieren die Schwestern ihm trübes Zeugs in einem Plastikbehälter, das sie dann auch noch tropfenweise mit einem dünnen Schlauch direkt in die Blutbahn laufen lassen.
Zweitens: Stadium des absoluten Chaos, das entsteht, wenn zwei Großunternehmen beschließen, daß sie künftig gemeinsame Sache machen wollen.

Inkubationszeit *Erstens:* Begriff aus der Reisemedizin für die erforderliche Zeitspanne, die ein durchschnittlicher Tourist braucht, um sich auf Kuba zu akklimatisieren.
Zweitens: Nur noch selten von Altlateinern verwendet (nach Kubikel = Schlafzimmer): Übliche Dauer der Einschlafzeit.

Insulat Bevölkerungspolitischer Terminus für Nachkommenschaft von Inselbewohnern.

Intelligenz Ist ein Leistungsbegriff des Verstandes. Wobei, wie dieses Buch zeigt, Leistungsfähigkeit und Verstand unter Medizinern und Patienten ungleich verteilt sind.

Internist Ein universal gebildeter Arzt, der sein Wissen auf Kongressen in vielen fremden Ländern gesammelt hat.

Intubation Häufiger Vorgang bei Auftritten von Ärzteorchestern. Bezeichnet das erfolgreiche Bemühen der Blechbläser, an der richtigen Stelle des Stückes einzusetzen.

Iris Legendäre Oberschwester in der Augenklinik.

Irrigator Starrköpfiger Mediziner, der mit seiner Meinung beharrlich gegen den wissenschaftlichen Strom schwimmt.

Ischias *Erstens:* Insel in Italien mit rheumatischem Klima.
Zweitens: Medizinische Erkenntnis, daß gewisse Schmerzen an einem Strang ziehen.

J

Jacketkrone Von einem Zigeunerkönig erfundene zusammenklappbare Krone, die während des Umherziehens glänzend in der Jackentasche getragen werden kann.

Jagdhundstellung Vielbeschriebene Standardhaltung des Patienten zur problemlosen Darmspiegelung mit dem Rektoskop.

Jodismus Weltanschauliche Richtung, die Jodierung von Salz für das Gelbe vom Ei hält.

Joggen Ärztlich empfohlener Ausgleichssport, insbesondere für Büromenschen, die im Dienst zuviel Radfahren müssen.

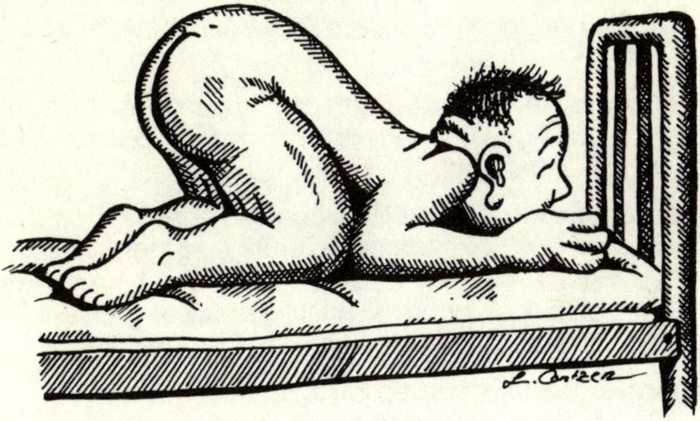

Jagdhundstellung

K

Kahnbein Einseitige Verstärkung der Beinmuskulatur bei Matrosen. Entstanden durch kräftiges Wegdrücken des Bootes vom Landungssteg. Dank moderner nautischer Techniken ist die Fehlbildung heute nur noch bei älteren Seeleuten im Vollstadium entwickelt.

Kairophobie Krasse Form der Platzangst, tritt speziell bei Ägyptenurlaubern nach dem Besuch der Millionenstadt auf.

Kaiserschnitt Kassenärztliche Kategorisierung für vorbildliche Honoraroptimierung. Einen Kaiserschnitt zu machen bedeutet, daß der betreffende Arzt den goldenen Schnitt der letzten Quartalsabrechnung noch übertroffen hat.

Kalorie Häufig vergeblich gezählte Maßeinheit für Dickmacher. Unermüdlicher Dauerbrenner bei Publikumszeitschriften.

Kammerversagen Stehender Vorwurf der Ärzteschaft an ihre Standespolitiker, sich gegen die Seehofer-Reform nicht genügend ins Zeug gelegt zu haben.

Kardinalpunkte Bei älteren Kirchenfürsten besonders augenfällige Pigmentstörungen der Haut.

Karditis Krankhaft gesteigerte Lust am Kartenspiel.

Karotissinus Abart der vegetarischen Ernährungsphilosophie, bei der Freß- und andere Lüste ausschließlich mit Möhren befriedigt werden.

Karzinologie Lateinisch: Carcer = Kerker. Zweig der Verhaltensforschung, der sich mit den beschreibungswürdigen Zuständen im Knast befaßt.

Kassenarzt Eine nach der Gesundheitsreform neu eingeführte Arztspezies, die unmittelbar nach der Behandlung den kranken Kunden zur Kasse bittet. Die Barzahlungsform hat sich als wesentlich rentabler erwiesen als die bisherige praktizierte Leistungsentlohnung, bei der die Patienten erst umständlich einen Beitrag an die jeweilige Krankenversicherung zahlen mußten. Ganz zu schweigen von der wirklich lästigen Prüfung, mit der die Kassenärztlichen Vereinigungen die Gebühren für die aufopfernde Arbeit des Arztes genauer unter die Lupe nehmen mußten.

Katarakt Meerenge zwischen Schweden und Jütland.

Katharsis Reinigungsritual umweltbewußter Autofahrer.

Katheter Altmodisches Stehpult. Vor allem bei Nieren-, Ohren- und Herzspezialisten noch häufig in Gebrauch.

Katzenjammer Zoologendeutsch für eine Katerstimmung im Tigerkäfig.

Kaudal Gastronomisches Fachwort für sämtliche Speisen, die sich ohne Mühe beißen und verdauen lassen.

Keimträger Agrarwissenschaftliche Titulierung für Ackersmann, der den Samen aufs Feld streut (= »Keimversprengung«).

Keratin Schwefelreicher Supertreibstoff für Krankenfahrzeuge.

Kernmedizin Naturkundliche Richtung, die ausschließlich durch die unterschiedlichste Verwendung von Obstkernen eine therapeutische Wirkung erzielen will.

Kernspintomografie Basiert auf den kernmedizinischen Erkenntnissen (siehe dort). Die Obstkerne werden vor dem Genuß von einer Hochfrequenzspule computergesteuert geschleudert, bis sie eine leichtverdauliche Konsistenz erreicht haben.

Kiefersperre Von der Verkehrswacht geprägtes Kurzwort für umgestürzte, auf der Fahrbahn liegende Nadelbäume.

Killerzelle Besonders ausbruchsichere Heimstatt für gemeingefährliche Knastinsassen.

Kinasen Leidenschaftliche Kinogänger.

Kinderdosis Von der Unicef in der Kondom-Charta festgelegte Zahl von Kindern, die bei der Familienplanung bevölkerungspolitisch zulässig ist.

Kitzler Kosewort für besonders begabten Krankengymnasten.

Klavikel Kleines Tasteninstrument.

Klimakterium Von der Zigarettenindustrie finanzierte Frischluftanlage für rauchende Patienten.

Klistier Ein schon bei unseren Altvorderen bekanntes kleines Tier, das sich am liebsten vor Operations- und Röntgenräumen herumtreibt. Hinterläßt meist deutliche Duftnoten.

Kneipp-Kur Altbewährte Therapieform für solche Menschen, denen das Wasser bis zum Halse steht.

Knochenbank Im Zuge des Klinik-Recyclings aus Restbeständen der orthopädischen Chirurgie kunstvoll gefertigte Sitzgelegenheit.

Kokken Ureinwohner einer indonesischen Inselgruppe.

Kolchizin Strenge Aufseherin in einer russischen Kolchose.

Kombinationsarzneimittel Eingedeutschtes Apothekerfachwort für vielseitig zu verwendendes Medikament. Beispiel Zäpfchen: sie können gelutscht, gekaut, zerdrückt oder im Ganzen verabreicht werden.

Komplikation Tritt meist dann auf, wenn man/frau nicht damit rechnet.

Kompresse Unverheiratete Tochter des Sanitätsrats.

Konjunktivitis Schwer zu bremsendes Verlangen von Sozialwirtschaftlern, in die konjunkturellen Abläufe lenkend einzugreifen.

Kontraktion Abschließen eines Behandlungsvertrages.

Kontrazeptiva Kollegenschelte für eine Ärztin, die mit ihrer eigenwilligen Haltung bestehende Konzeptionen in Frage stellt.

Koronar Umgangssprachlich für wilde Horde. Von Restaurantbesitzern an Bäderorten gelegentlich für die in Scharen auftretenden Kurgäste und Urlauber verwendet.

Krabbelstube Scherzhafter Ausdruck für krankengymnastischen Übungsraum in der Rehabilitationsklinik.

Krankenhausflur Dauerparkplatz für belegte Reservebetten.

Krankenhaustoilette Treffpunkt für Tabakliebhaber, Passivraucher und andere Bettflüchtige. Umschlagplatz für wichtige erfahrungsmedizinische Informationen.

Kreislauf Gefängnisjargon für einstündigen Rundgang im Innenhof der Haftanstalt.

Kreißsaal Starkfrequentierter Aufenthaltsraum von werdenden Müttern, Hebammen und Neugeborenen. Der runden Ecken wegen auch bei Putzfrauen der Klinik sehr beliebt.

Kreuzband Dezenter Stoffschmuck am Gewand von Schwestern in konfessionsgebundenen Krankenhäusern. An der Anzahl der Kreuze erkennen Eingeweihte den Dienstgrad der Pflegerin.

Kunstblut Deutsche Fachbezeichnung für »Neoplasma«.

Kunstfehler Ein nach allen Regeln der medizinischen Kunst ausgeführte Falschbehandlung.

Kwaschiokor Bekannter russischer Missionar, lebte in einem weithin unbekannten tropischen Land, bis ihn die schwer verdauliche, scharf gewürzte Nahrung dahinraffte.

Kynorexie Hinterägyptisch für krankhafte Sucht, ins Kino zu gehen.

L

Laktase Besonders glänzender Kaffeepott. Wird von der Oberschwester persönlich für Privatpatienten poliert.

Langerhanssche Inseln Im 19. Jahrhundert entdeckte, dünnbesiedelte Inselgruppe in der Nähe von Pankreas. Reiche Vorkommen an Glukagon und Insulin.

Laparoskop Modernes Gerät zur ambulanten Bauchspiegelung. Wird nach dem Motto eingesetzt: Morgens gebracht, abends gemacht.

Latschenöl Plattdeutsch für geschmeidiges Schuhputzmittel.

Leberdämpfung Milde Form der Zubereitung von Leber in der Krankenhausküche. Wegen des faden Geschmacks und des wenig appetitlichen Aussehens der Speise selbst bei Magenschonkost-Patienten nicht allzu beliebt.

Leberschwund Tritt gelegentlich nach zu langem Dämpfen ein. Im Küchenlatein als Leberzirrhose bczoichnet.

Lebertran Zustand einer nur schleppend arbeitenden Leber. Häufig bei Überangebot von Alkohol und anderen Stärkungsmitteln zu beobachten.

Leberwerte Die einzigen Werte, die einem Alkoholiker noch bleiben ...

Lederhaut Macho-Slang für enganliegende Motorradbekleidung.

Leerdarm Zustand des Darmes nach erfolgreichem Alpdrücken (siehe dort).

Lege artis Lateinisch: nach den Regeln der Kunst. (Siehe Kunstfehler.)

Leitungsunterbrechung In Krankenhäusern mit alten Telefonzentralen vielbeklagte Störung, die stets dann auftritt, wenn wichtige Gespräche anstehen.

Leukopenie Abgeleitet aus dem neugriechischen Leuko = weiß und Penis = Glied. Plötzliche Weißfärbung des männlichen Gliedes.

Leukoplast Die in allen Kliniklabors zu findende meterhohe Plastik eines Leukozyten, die zu Lehr- und Übungszwecken nahezu unentbehrlich ist.

Leukotriene Sanitäterjargon für lahme Verbandshelferin.

Lichtscheu Beschönigender Ausdruck für das Verhalten asozialen Gesindels, das vornehmlich im Dunkeln seinen finsteren Geschäften nachgeht.

Lichttherapie Erhellende Behandlungstechnik, die düstere Stimmungen abblitzen läßt.

Ligatur Organisierte Rundreise für Fußballfans zu allen Spielstätten der Bundesliga.

Lingua geographica Airliner-Ausdruck für Landkartenzunge. Meint eine Tätowierung der Zunge, die anstelle des Passes bei der Kontrolle vorgezeigt wird. Die Einstiche weisen nach, welche Länder der Fluggast bislang bereist hat. Die Lingua geographica ist ausschließlich den Vielfliegern vorbehalten.

Linksschwäche Unerklärliches Faible für politisch links ausgerichtete Programme und Parteien. Tritt häufig im Jugendalter auf.

Linksüberlastung Kritische Anmerkung konservativer Mediziner über den starken Anteil linkslastiger Vertreter bei den Standesärztlichen Vereinigungen.

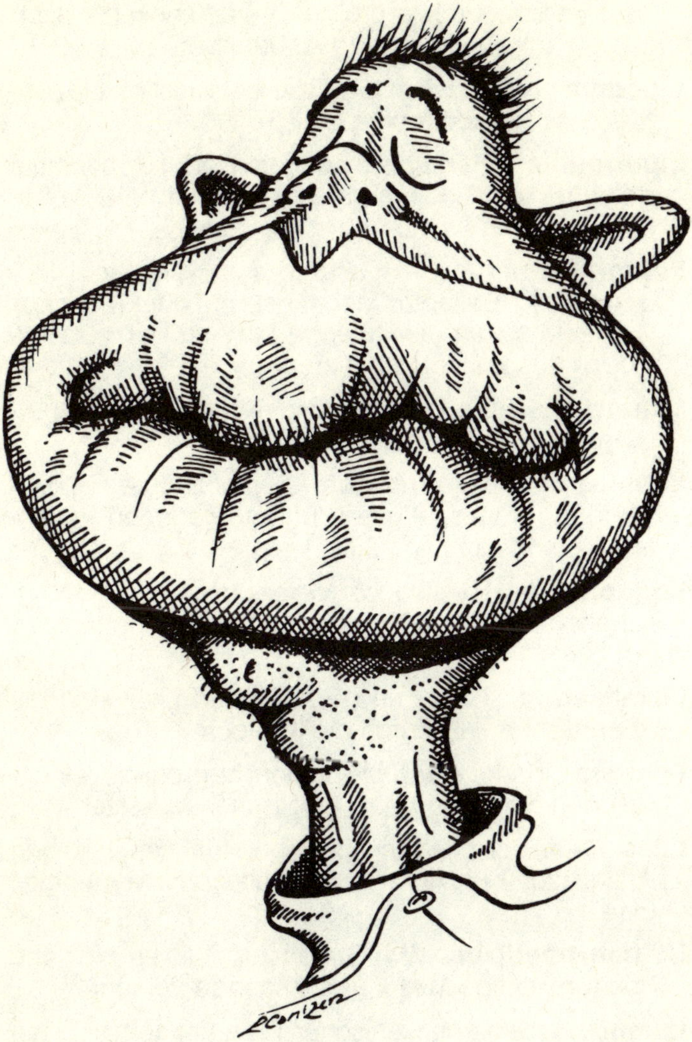

Lipödem

Lipidose Anhaltende Störung des Geschlechtstriebes. Selbst durch erprobte Therapieansätze nach Oswalt Kolle nur zeitweilig zu beheben.

Lipödem Vulgärlatein für dicke, schwülstige Lippen. (Siehe auch Lipotrophie.)

Lipotrophie Medizinisches Fachwort für schmale gekräuselte, zusammengekniffene Lippen. Volkstümlich als »Witwenmund« bezeichnet.

Liquor Alkoholisches Getränk aus Frankreich. Süß und klebrig. Beliebtes Mitbringsel auf der Frauenstation, sofern vom diensthabenden Arzt kein »Liquorstopp« ausgesprochen wurde.

Lithotripsie Die schmerzlose Kunst, den Nierenstein ins Rollen zu bringen.

Lobulus Schwesternjargon für großzügige Geldzuwendung von dankbaren und zufriedenen Patienten. Kommt nicht so häufig vor.

Logophobie Berufsangst vieler Statistiker und Wirtschaftswissenschaftler, logische Verknüpfungen herzustellen.

Lokalisation Gehobene Bezeichnung für den allabendlichen Zug durch die Kneipen.

Lordose Sammelbegriff für den bedrohlich zunehmenden Schwund hoher englischer Adelstitel.

Lues Aus dem Amerikanischen. Ein von farbigen Ärzten zur Kunstform entwickeltes schwermütiges Lied.

Luftfahrtmedizin Vom Grafen Zeppelin empfohlene hochprozentige Mixtur fürs fliegende Personal.

Lumbo Lateinamerikanischer Tanz, bei dem sich die Akteure auf die Lenden klatschen und kunstvolle Verkrümmungen der Wirbelsäule vorführen.

Lungenfell Zur Winterszeit in den Reformhäusern feilgebotene Bedeckung für den Brustkorb, die langwierige Erkältungskrankheiten verhindern soll. Nicht zu verwechseln mit dem Fell, das den Kunden in den Sanitätsfachgeschäften schon vor Ort über die Ohren gezogen wird.

Lungenflügel Seitentrakt in einem Tuberkulosesanatorium.

Luxation Terminus der Kostenrechnungsprüfer für die Beleuchtungsstärke der Glühlampen im Krankenhaus.

M

Magenatonie Fehlende der Verdauungsgeräusche in der Magengegend.

Magenperforation Ein von der Natur bereits vorgegebene geradlinige Durchlöcherung des Magens an verschiedenen Stellen. Erleichtert bei operativen Eingriffen das Abtrennen einzelner Segmente.

Magensaft Bekömmliches Getränk, das von Patienten nach der Magenoperation ganz gerne getrunken wird.

Magnesium Besonders sensibler Patient, der mit Hilfe von Magneten behandelt wird. Dieser Methode hat der schwäbische Arzt Franz Josef Mesmer im achtzehnten Jahrhundert zu bahnbrechenden Erfolgen verholfen. Bis dahin war das eine oder andere Magnesium nur auf Jahrmärkten zu finden.

Makrophagen *Erstens:* Aus dem Maffia-Latein: Große Freßzellen. Von Befürwortern des modernen Strafvollzugs empfohlene Extraräume zwecks gemeinsamer Verköstigung mehrerer Knackis.
Zweitens: Althergebrachte Übersetzung für sehr große Prunksärge.

Makula Verschleiernder arbeitspsychologischer Begriff für miserable Krankenschwester, die zu nichts zu gebrauchen ist.

Mamille Winterharte Form der gemeinen Kamille. Auch als Heil- und Zimmerpflanze geeignet.

Mammographie Aus einer Übersetzungshilfe für Angehörige ausländischer Patienten. Mammographie bedeutet kurz und bündig: Die Mamma wird jetzt photographiert. (Nicht minder knapp formuliert: Mammotrop. Was soviel bedeutet wie: Die Mamma sollte mal einen Urlaub in wärmeren Gefilden einlegen. Oder: Hängende Mamma, wenn damit ausgedrückt werden soll, daß es nicht allzugut um die seelische Stimmungslage der Guten bestellt ist.)

Managerkrankheit Progressiv verlaufendes Anfallsleiden, das durch Terminkalender, Telefon und Umsatzkurven ausgelöst wird.

Mandrin Malaiisch-portugiesische Transskription für hohe Beamte im chinesischen Kaiserreich.

Mangelkrankheit Häufig wiederkehrende Verletzungen von Wäschereiarbeiterinnen, die beim Plätten gelegentlich in die Heißmangel geraten.

Manie Titelfigur in einem Krimiklassiker von Alfred Hitchcock.

Manometer Vulgärdeutsche Bekundung des Erstaunens. Synonym für »Donnerwetter«, das in konfessionell stärker durchsetzten Gebieten eher gebraucht wird.

Marasmus Alter griechischer Gelehrter. Bevor er den Höhepunkt seiner Schaffenskraft erreichte, wurde er Opfer einer sich jahrelang hinziehenden Entkräftung.

Marker Branchenjargon für einen erfolgreichen Börsenspekulanten.

Markerweichung Saloppe Umschreibung für den Abwärtstrend der bundesdeutschen Währungskurse. Führt im fortgeschrittenen Stadium zu Markzerfall, lateinisch Myelinolyse.

Mastitis *Erstens:* Altdeutsches Lehnwort, mit dem das Verlangen fettsüchtiger Patienten nach unentwegter Nahrungsaufnahme umschrieben wird.
Zweitens: Medizinerlatein für Entzündung des Mastdarms.

Mastdarm *Erstens:* Häufig verstopfter Schlupfwinkel für Bandwürmer.
Zweitens: Pilgerstätte für Arschkriecher.

Mastzelle Synomym für Makrophagen (siehe dort).

Matrix Mutter von Asterix und Obelix. Beide Comic-Helden sind bei Medizinstudenten und Patienten keine Unbekannten. Matrix hingegen hält sich beharrlich im Hintergrund.

Med Abkürzung für das lateinische Wort medialis = mittelmäßig. Eine von der Bundesärztekammer festgelegte Zusatzbezeichnung für Ärzte, die den Patienten auch im Hinblick auf die EG-Norm eine Einschätzung des Leistungsangebots erleichtern soll.

Media Anzeigenplanungsabteilung in Agenturen und Wirtschaftsunternehmen. Wertvolle Kontaktstelle für Herausgeber von medizinischen Fachblättern.

Mediatoren Abfällig für jene Mediaplaner, die wider besseres Wissen keine Anzeigen in einschlägigen Wissenschaftszeitschriften schalten und damit schnöde den wirtschaftlichen Niedergang des Blattes betreiben.

Medizinisches Wörterbuch Informationsquelle für Hypochonder.

Medpunkt Stammtisch von Honigwein-Liebhabern.

Melkerknoten Eine knifflige, nur schwer zu erlernde Technik, mit der die Melker die Zotten am Euter der Kuh verschließen. Die seit Jahrhunderten überlieferte Fertigkeit konnte bis heute noch nicht durch moderne technologische Verfahren abgelöst werden.

Meningen Kleinstadt im Schwäbischen.

Meniskus Aus der singhalesischen Übersetzung des Kamasutra: akrobatische Technik des Küssens im Knien.

Meteorismus Ein luftiger Wink aus heiterem Himmel.

Metromanie Vorwiegend in Frankreich anzutreffende Lust am exzessiven U-Bahn-Fahren. Führt bei anhaltender Lustbefriedigung zur Metropathie.

Mikrogenie Wohlwollende, verständnisvolle Beurteilung für einen Medizinstudenten, der sein Examen auch beim zweiten Anlauf nicht gepackt hat.

Mikrophon Äußerst leiser, kaum wahrnehmbarer Ton.

Mikrosporie Reitsporttechnik, bei der das Pferd nur mit ganz kleinen Sporen angetrieben wird.

Mikrotie In England gebräuchliche Umschreibung für beim Waschen eingelaufene Krawatte.

Mikrotom Wissenschaftler, der sich ausschließlich mit Form und Aufbau winziger Organe befaßt.

Milchgang Freizuhaltender Zugang auf dem Gelände der Kinderklinik, damit der Molkereiangestellte ohne Verzögerung die tägliche Milchration ausliefern kann.

Milchzahn Halbstarkenslang der späten fünfziger Jahre für knackigen Teenager.

Minutenleistung Von Refa-Fachleuten festgelegtes Arbeitspensum, das eine Krankenschwester binnen einer Minute bewältigen muß. Ist bundesweit noch nicht einheitlich geregelt.

Mischblut Spezielle Mixtur (»Henry-Dunant-Cocktail«), mit der das Blut durch Zugabe von Blutorangen- und Rotebeetesaft nicht nur vitaminiert, sondern auch merklich gestreckt werden kann. Angesichts rapide schrumpfender Bestände in den Blutbanken eine willkommene und hilfreiche Neuentwicklung.

Miserere Steigerungsform von ziemlich viel Miseren.

Molaren Eine Inselgruppe im westlichen Mittelmeer. Beliebter Tagungsort von Dentisten, Kieferchirurgen und Zahnärzten.

Monatsblutung Werbeträchtiges Thema, wird vorzugsweise in der besten Sendezeit plaziert, wenn sich die bundesdeutsche Familie mit ein paar Knabbersachen vor der Glotze zusammengefunden hat.

Mongolenfalte Fachbegriff aus dem Katalog der Kleidervorschriften für angehende Krankenschwestern. Beschreibt das korrekte Aussehen des typischschrägen Faltenwurfs am gestärkten Schwesternhäubchen.

Monomanie Krankhafte Vorstellung eines Menschen, nur mit einem einzigen Partner bis ans Ende seiner Tage zusammenleben zu wollen. (Verhalten steht im krassen Gegensatz zur derzeitigen Scheidungsquote.) Derart fehlgeleitete Personen heißen fachsprachlich Monozyten.

Morbus Scheuermann Zu deutsch auch Meister-Propper-Syndrom. Die durch nichts zu bremsende Putzwut pingeliger Hausmänner. Tritt Fernsehmeldungen zufolge vermehrt bei muskulösen, grünhäutigen und obendrein glatzköpfigen Zeitgenossen auf.

Morphologe Eigentlich Anhänger des Morpheus, dem griechischen Gott des Schlafes. Heute schlicht und einfach die medizinische Bezeichnung für Schlafforscher.

Morsicatio Von der italienischen Bestatterzunft übernommener Ausdruck für langsam gezupftes Trauerspiel auf Streichinstrumenten.

Mortalität Lebensmittelwissenschaftliche Bezeichnung für vorschriftsmäßige Rezeptur und Schnittfestigkeit der echten Zervelatwurst.

Motilin Äußerst wirksames, aber dennoch umweltfreundliches Mottenvernichtungsmittel.

Motorik Vom alljährlichen Klinik-TÜV gewählte Sammelbezeichnung für den technischen Zustand der motorbetriebenen Untersuchungsgeräte.

Mumps *Erstens:* Englischer Ehrentitel für junge Burschen, die der verdienstvollen Aufgabe des Tierhütens nachgehen. Hierzulande volkstümlich als Ziegenpeter oder Bauernwetzel bekannt.
Zweitens: Schluckauf-Gesicht nach Genuß einer gleichnamigen Sektmarke.

Mundfäule In ostfriesischen Gebieten weit verbreitete Eigenart. Steht in krassem Gegensatz zur Plappersucht.

Muskelkater Durch spezielles Bodybuilding trainierte Katze, die recht stattliche Muskelpakete vorweisen kann.

Muskulus Kaum noch gebräuchliches Synonym für Muskelprotz.

Musterarzt Von der Pharmaindustrie hochgeschätzter Mediziner, der reichlich Arzneimittel-Muster abruft.

Mutterkuchen Dunkles Gebäck nach einer überlieferten Rezeptur unter Verwendung von Mutterkorn und Muttermilch hergestellt. Wird traditionell am Muttertag in die Röhre geschoben.

N

Nachttopf Sehr praktischer Mehrzweckbehälter mit Leuchtrand. Kann selbst von nachtblinden Patienten und Pflegepersonal mühelos in der Dunkelheit geortet werden.

Naevus Aus dem Mittelhochdeutschen für typische Verdickung des Fußballens bei Näherinnen, die dereinst ihre manuellen Maschinen aus Leibeskräften mit den Füßen traktieren mußten.

Nagelbettentzündung Wird oft auch Gauklerakne genannt. Eine eher harmlose Infektionskrankheit, die vor allem übermüdete Fakire befällt, wenn sie zu lange auf der stacheligen Schlafstatt verweilen.

Näseln Althergebrachte Liebkosetechnik der Eskimos, bei der sich die arktischen Ureinwohner in sogenannte Nasennebenhöhlen verkriechen und dort ihre kalten Nasenspitzen so lange zärtlich aneinander reiben, bis sie warm werden.

Nebelkammer Umgangssprachlich für das offizielle Raucherzimmer im Krankenhaus.

Nebennieren Kleine zusätzliche Nieren, die lediglich ein paar belanglose Nebenaufgaben im menschlichen Organismus erledigen.

Neoplasma Synthetisch hergestellter Blut- und Plasmaersatz, der stets dann zubereitet wird, wenn die Vorräte an Mischblut (siehe dort) zur Neige gehen.

Nervensäge *Erstens:* Einfach zu handhabendes Werkzeug, mit dem die Neurologen ihre Patienten von überflüssigen Nervensträngen befreien.
Zweitens: Scherzhaft für allzu wißbegierigen Arzt im Praktikum.

Nervensäge

Neurologie Für Arzt und Patienten reine Nervensache.

Neutropenie Sexualwissenschaftlicher Begriff für nichterotisiertes männliches Glied.

Neutrophil Sozialverhalten ehemaliger Wendehälse.

Nidatio Italienisch-lateinische Kurzform für konsequenten Absentismus.

Nierenkelch Formschönes Kristallgefäß in der Urologie. Dient der längerfristigen Aufbewahrung von Spendernieren.

Normosom Durchschnittlich gebauter, der Norm entsprechender Zellkern.

Nosologie Systematische Einteilung der Nasenformen nach Aussehen und Beschaffenheit. Zweig der Hals-Nase-Ohren-Kunde.

Nüchternschmerz Von trinkfesten Patienten vielbeklagtes Mißempfinden, das in der Klinik durch die erzwungenen Phasen des Alkoholverzichtes auftritt. Zustand bessert sich jedoch merklich nach der Einnahme hochgeistiger Getränke.

Nulldiät Verkürzte Losung aus dem Manifest der Wohlbeleibten, heißt soviel wie Null Bock auf Diät.

O

Obstipation Regional auf bayerische Kliniken beschränkte Anordnung, die den totalen Verzicht auf den Konsum von Obstlern während der Dienstzeit vorschreibt.

Ödematös Schwülstige Bezeichnung für langweiliges Einerlei.

Ohrenarzt Spezialist für Pauken und Trompeten.

Onanie Schon frühzeitig anzuwendende Entspannungstechnik. Exzessives Ausüben beeinträchtigt jedoch die Verkehrstauglichkeit.

Operon Leuchtschriftanzeige im Foyer britischer Musiktheater, sobald das Stück beginnt.

Opiat Soziologische Typisierung für unverkennbaren Habitus frischgebackener Großväter.

Opticus *Erstens:* Lateinisch-schwärmerische Kurzform für einen optimalen Kuß.
Zweitens: Verschleiernd gebrauchter Ausdruck in der Optikerzunft für kurzsichtigen Schürzenjäger.

Orchitis Milde Form des Orchideenklauens in öffentlichen Parks. Nicht zu verwechseln mit der unter Kopfarbeitern weitverbreiteten Variante des Ideenklauens.

Organelle Kompakte zusammenklappbare Orgel. Gerne verwendet in konfessionell geführten Kliniken mit Platzmangel.

Orientierung Starke Ausrichtung des Lebensstils nach orientalischem Vorbild.

Origo Italienische Gewürzmischung, der besonders heilsame Wirkungen nachgesagt werden. In Krankenhäusern mit vorwiegend deutscher Küche äußerst zaghaft in homöopathischen Dosen verwendet.

Orthopäde Heilkundler, dessen Verschreibung von Einlagen beachtliche Auslagen nach sich zieht.

Ossicula Immatrikulation eines Studenten aus der einstigen DDR. Führt bei erfolgreichem Abschluß zur Ossifikation.

Ostitis Meldepflichtige Berufsneurose, die einstige DDR-Bürger an bundesdeutschen Arbeitsplätzen befällt.

Ovulation Heftige Beifallsbekundung. Auch »stehende Ovulationen« sind bei überschwenglichen Huldigungen üblich.

Ozeana Griechische Göttin der Weltmeere.

P

Pacemaker Englisch: Schrittmacher. Gehobene Umschreibung für ehrgeizigen Klinikchef, der müde Ärzte und Pflegekräfte auf Trab bringt.

Palpation Einfach zu handhabende Untersuchungstechnik bei Patienten, die leicht von Begriff sind.

Panniculus Von Oberärzten scherzhaft gebrauchter Ausdruck für angehenden Mediziner, dem erfahrungsgemäß etliche Pannen unterlaufen.

Panzerherz Militärjargon für den Motor von Kettenfahrzeugen.

Papain Hotel nach amerikanischem Vorbild, das den Service ganz auf die Bedürfnisse von Familienvätern abgestellt hat.

Paradentose Dem Übersinnlichen zugeneigte Zahnärztin.

Paragraphie Juristenlatein für notorisches Herumreiten auf Gesetzestexten.

Paralytiker Fernheiler, der ein Diplom in Parapsychologie vorweisen kann.

Parasiten Althergebrachte Heilungsrituale und Brauchtümer der Parapsychologen. Unter Schulmedizinern nicht allzusehr geschätzt.

Patella Spanisches Reisgericht. Wird nur in Klinikküchen zubereitet, die über eine ausreichend große Pfanne verfügen. (Siehe auch Bettpfanne.)

Patientendosis Anzahl der Kranken, die nach den Bestimmungen der Berufsgenossenschaft von einer Krankenschwester innerhalb eines Gehaltsabrechnungszeitraumes betreut werden dürfen.

Patientengut Althergebrachte Bezeichnung, mit der Ärzte unumwunden darauf hinweisen, daß sie Patienten als ihr kostbarstes Gut betrachten. Auch aufstrebende Jungmediziner übernehmen in wissenschaftlichen Publikationen gerne die monetäre Wendung, denn schließlich sind auch ihnen über kurz oder lang die Patienten lieb und teuer.

Paukenhöhle Saloppe Bezeichnung für kleines Dachstübchen zum Studieren.

Perforation Feierliche Eröffnung einer kunsttherapeutischen Session.

Perlsucht Auffälliger Drang, Schmuck zu besitzen und sich damit zu behängen. Verstärkt sich krankhaft mit zunehmenden Alter. Besonders ausgeprägt bei Gattinnen hochgestellter Persönlichkeiten.

Petit mal Aus dem Französischen: kleines Mahl. Ernährungswissenschaftlich für einen Happen zwischendurch.

Pflaster Je nach Bedarf in unterschiedlicher Ausfertigung zu haben: Am gebräuchlichsten sind heiße Pflaster für Vergnügungssüchtige, holprige Pflaster für Automobilisten, Trostpflaster für Verzagte und teure Pflaster für Privatpatienten.

Phantomschmerz Kassenärztlicher Terminus für das Abrechnen von Behandlungen, die es nur auf dem Papier gibt.

Pharmareferenten Amtlich geprüfte Arztbesucher, die dem Mediziner kostbare Zeit stehlen — weil sie ausführlich über Wirkungszusammenhänge von Präparaten parlieren, die der Arzt doch sowieso verschreibt. Arzthelferinen mögen Pharmareferenten, weil diese stets ein hübsches kleines Präsent parat haben.

Phonetik Übersteigerter Trieb, endlos lange Telephonate zu führen. Tritt gehäuft bei Teenagern auf.

Pia Mater Jüngere Schwester der Alma Mater.

Pigment Englische Spezialzüchtung einer bräunlich gefleckten Pfefferminze, die dort ausschließlich an Schweine verfüttert wird, um den späteren Steaks den unverkennbaren Beigeschmack zu geben.

Pinta Akademisch liebevolle Bezeichnung für kleines Bierlokal um die Ecke.

Platzangst Unter frisch eingelieferten Patienten gelegentlich grassierende Furcht, sie könnten in den überfüllten Kliniken nicht mehr untergebracht werden. Seit der Stapelbettverordnung allerdings völlig unbegründet.

Pneumonie Absolut überflüssiger, aber ebenso häufig anzutreffender Hang von Mantafahrern, die Autoreifen über alle Maßen mit Luft zu füllen.

Polygenie Intellektueller Tausendsassa, der auf allen möglichen Gebieten durch phänomenalen Einfallsreichtum glänzt. Echte Rarität.

Polyopie Lateinisch-deutscher Soziologenslang für das neuzeitliche Phänomen, daß Kinder von wiederverheirateten Eltern mehr Großeltern haben, als das beim herkömmlichen Familienmuster der Fall ist.

Population *Erstens:* Große Pilgertreffen orthodoxer Priester.
Zweitens: Kanalisierung des oberitalienischen Flusses mit Namen Po.

Posthitis Eine von Telekom gefürchtete Kritiksucht an der Deutschen Bundespost.

Potator Offizielle Bezeichnung für diplomierten Kartoffelschäler in der Krankenhausküche.

Potentia Römische Göttin der Fruchtbarkeit.

Präservativ Hochelastische Steigerungsform von konservativ.

Preisvergleichsliste Muß seit der Seehofer-Reform in jeder Arztpraxis deutlich sichtbar ausliegen, damit die Patienten in Ruhe die jeweiligen Gebühren des Arztes mit denen der übrigen Heilkünstler am Ort vergleichen können.

Prellung Oberbegriff für Betrug oder Täuschung, jemandem das Fell über die Ohren ziehen. Landläufig wohl am bekanntesten als Zechprellung.

Priapismus Nach Pirapos, dem Sohn der Aphrodite und des Dionysos. Ausgeprägte, durch nichts kleinzukriegende Standhaftigkeit bei Männern.

Privatärztliche Verrechnungsstelle Berufsständische Einrichtung, die Privatärzten mit Rat und Tat weiterhilft, wenn sie sich bei der Honorarfestlegung verrechnet haben.

Privatliquidation Formulierung aus dem Arztrecht für Heilkundler, die Patienten außerhalb der offiziellen Sprechzeiten um die Ecke bringen.

Proband Offenbar vielbeschäftigte Versuchsperson. Wird allerorten bei wissenschaftlichen Studien eingesetzt. Läßt gegen geringes Entgelt geduldig Tests und andere Prüfungen über sich ergehen. Bei fehlgeschlagenen medizinischen Versuchen werden aus Probanden schnell Patienten. Manchmal sind aber auch Patienten Probanden. Näheres bei Ihrem Arzt.

Profilneurose Die Angst, das Gesicht zu verlieren.

Pronation Politische Bewegung mit patriotischem Einschlag.

Prostata Traditioneller Trinkspruch der Vorsteherzunft.

Prothese Positive Haltung zu einer kritischen Argumentation.

Pubes Englischer Plural für Bierkneipe.

Pulpitis Schmerzhafte Entzündung der Lippen bei Flaschentrinkern.

Punktion Abrechnungsterminus für Zuordnung von Punktzahlen nach dem einheitlichen Bewertungsmaßstab für Mediziner.

Pustula Weibliche Angehörige eines weithin als temperamentvoll bekannten Volksstamms in Ungarn.

Pyjama *Erstens:* Unregelmäßig erscheinende Spezialausgabe des Journal of American Medical Association für eitrige Erkrankungen.
Zweitens: Wird sofort nach Einlieferung ins Krankenhaus gegen modisches OP-Nachhemd ausgetauscht.

Q

Quacksalber Name ist auf eine fehlerhafte Überlieferung aus dem Mittelhochdeutschen zurückzuführen. Heißt ursprünglich Quarksalber. Berufsbezeichnung reisender Molkereialchimisten, die heilsame Cremezubereitungen und Pasten aus Quark auf schmerzhaft erkrankte Glieder auftragen und auf ausdrücklichen Wunsch auch einmassieren.

Quadrant Eine von vier Blutzapfstellen, die in den Kliniken gesetzlich vorgeschrieben sind.

Quantentheorie Wissenschaftliche Behauptung, derzufolge die nachwachsende Generation wesentlich größere Füße hat als ihre teils schlechtgenährten Altvorderen.

Quartana Zu deutsch: Wechselfieber. Bankerjargon für drängelnde Touristen am Devisenschalter.

Quarzlunge Bronchologen-Slang für völlig verruste Lunge kettenrauchender Nikotinisten.

Quendel Altdeutsche kleine Maßeinheit. Fällt bei Abspeckwilligen schwer ins Gewicht.

Querschnitt Chirurgischer Kunstgriff, gegen den herkömmliche Längsschnitte ziemlich schlecht abschneiden.

Querulant Das nächste Querschnitt-Opfer.

Quincke-Ödem Medizinerlatein für Fünfer-Schwellung. Regelmäßige, nur an fünf bestimmten Körperstellen auftretende Hautallergie.

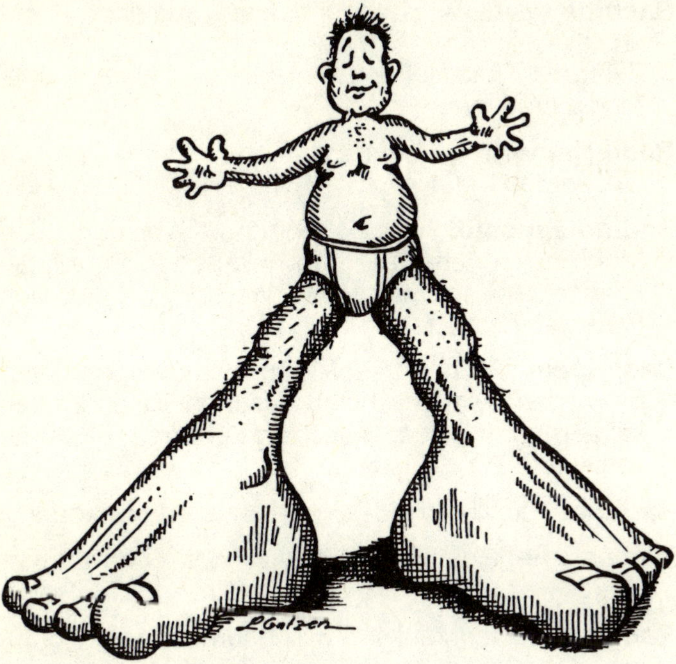

Quantentheorie

R

Rachenring Juwelierjargon für enganliegendes Halsgeschmeide.

Rachitis *Erstens:* Langanhaltende, quälende Rachsucht.
Zweitens: Notorischer Zwang bei Sammlern, Raritäten zu ergattern.

Radikaleingriff Kommentar der Zahnärzte zur Gesundheitsreform.

Radiodiagnostik Allwöchentlicher Versuch von Medizinexperten, über den heimischen Rundfunksender eine gemeinsame Wellenlänge zu den Patienten herzustellen.

Radiologe Facharzt, der sich darauf spezialisiert hat, in den zuvor erwähnten Gesundheitssendungen seine medizinischen Ratschläge über den Äther zu schicken.

Radium Rundweg für Fahrradfahrer im Klinikpark.

Radius Regelmäßiger Benutzer des Fahrradrundweges.

Ramus Nervenkranker Zwillingsbruder von Romulus.

Raptus Geglückter, aber noch nicht zugelassener Genversuch einer Neuzüchtung aus Raps und Kaktus.

Rasselgeräusch Ein typisches, unverkennbares Klanggebilde, das Säuglinge durch heftiges Traktieren ihrer Rassel erzeugen. Führt zu unkontrollierten Spontanreaktionen (»Eideidei«) bei Großmüttern und Großvätern.

Raucherabgabe Eine vom Gesundheitsminister geforderte Maßnahme, die vorsieht, daß Patienten freiwillig jede zehnte Zigarette an den behandelnden Arzt abtreten.

Rauschnarkose Umstrittene musiktherapeutische Technik zur örtlichen Betäubung: Patient bekommt via Kopfhörer extrem lautes Rauschen überspielt, bis er in tiefe Ohnmacht fällt.

Rautenhirn Abfällige Bezeichnung für Kybernetiker.

Rechts-Links-Störung Beschwerdebild, bei dem auch nach der vereinfachten Gebührenordnung für Ärzte ausdrücklich beide Fachrichtungen, nämlich die Rechts- und die Linksmedizin, zuständig sind (siehe auch Rechtsmedizin).

Rechtsmedizin Spezialgebiet der medizinischen Versorgung, bei der die Wahl des Facharztes ausschließlich nach der Lage des erkrankten Organs zu erfolgen hat. Therapie von Herzbeschwerden ist demzufolge eine Angelegenheit der Linksmedizin. Angesichts des Wirrwarrs der Facharztbezeichnungen wird diese strukturelle Vereinfachung von den meisten Patienten begrüßt.
In München wurde der Neuregelung bereits organisatorisch Rechnung getragen durch den Bau jeweils eines Krankenhauses rechts und links der Isar.

Reflektor Berufsbezeichnung für versierten Fachmann in der Krankenhausreinigung, dem es gelingt, selbst hartnäckigste Flecken zu entfernen.

Reflex Unwillkürliche Abneigung des Patienten, wenn der Arzt mit einem kleinen Metallhammer nach ihm schlägt. Patient wehrt sich meist durch Treten oder Zucken. Worauf der Mediziner mit einem wohlwollenden Grunzen reagiert.

Regression Ständig wiederauflebende Vorstellung niedergelassener Ärzte, für sämtliche unwirtschaftliche Verordnungen von Heilmitteln zur Kasse gebeten zu werden.

Reisagar Albanisches Pilzgericht. Zum alsbaldigen Verzehr bestimmt.

Reizklima Betriebspsychologischer Terminus für Arbeitsatmosphäre auf überbelegten Krankenstationen.

Reizkörpertherapie Sexistische Bezeichnung für ganzheitliche Behandlung durch attraktive Krankenschwester.

Reklination Krankenhausamtsdeutsch für neuerliche Aufnahme des Patienten in die Klinik.

Remanenzen Literarische Gattung für die Sammlung denkwürdiger Lebenserinnerungen verdienter Mediziner.

Resistenz Luxuriöser Wohnsitz eines besserverdienenden Bakteriologen.

Restblut Sehr verbilligte Blutkonserve mit kleinen Fehlern, meist aus Restbeständen des Spendedienstes.

Retina Von Augenärzten empfohlener geharzter Weißwein. Soll die Nachtsichtigkeit entscheidend verbessern.

Rhesusfaktor Pädagogischer Maßstab für Affenliebe.

Rhinitis Alemannische Mundart für klammheimliches Ablassen von chemischen Stoffen in den Rhein.

Rhinophonie Avantgardistisches Musikwerk, das durch mehrschichtigen Nasalklang besticht. Vom bundesdeutschen Orchester der HNO-Ärzte unlängst intoniert.

Rigor Unbeugsamer Prüfer beim mündlichen Examen (Rigorosum) der Medizindoktoranden.

Rocker Angelsächsische Typologisierung für Patienten mit den verschiedensten Nieren- oder Gallensteinen.

Rollkur Bewährte Rehabilitationsmaßnahme für betagte Skateboardfahrer.

Röntgenkater Schwarze Katze, die zu Testaufnahmen unter die Durchleuchtungsröhre geschoben wird. Nach den geltenden Tierschutzbestimmungen ist darauf zu achten, daß das Tier ein strahlendes Fell behält.

Röntgenologe Ein Arzt, der die Menschen durchschaut.

Röteln Plötzliche Gesichtsverfärbung bei pubertierenden Teenagern. Tritt auf, sobald der Schwarm fürs Leben den Raum betritt.

Rückgratverkrümmung Anerkanntes Dienstleiden bei Beamten.

Ruheumsatz Betriebswirtschaftlicher Terminus für das Einkommen von niedergelassenen Ärzten, das sie nach Erreichen des Rentenalters vorzugsweise durch die Behandlung von Privatpatienten erzielen.

Ruhr Einheimischer Fluß, in dem sich scharenweise Bakterien und Amöben tummeln. Je nach Aufkommen der beiden Arten von Kennern auch als »Amöbenruhr« oder »Rote Ruhr« bezeichnet.

Ruptur Abenteuerliche Reise mit vielen unvorhergesehen Zwischenstops.

S

Saccharin Bekannter russischer Dissident. Leidet an Zuckerkrankheit.

Salmonellen Kleine, wendige Abkömmlinge des Lachses. Wegen der langen Lagerfähigkeit besonders geeignet zur industriellen Herstellung von Fertiggerichten, vorzugsweise in Kombination mit Mayonnaise, Eiern und Milcherzeugnissen.

Salpingo Zoologische Rarität: Kreuzung aus Salamander und Pinguin.

Sanitätsrat *Erstens:* Pedalbetriebenes Sanitätsfahrzeug.
Zweitens: Medizinischer Ratschlag.

Sarkoid Kleines wertvolles Schmuckstück, das von den Hinterbliebenen zur dekorativen Gestaltung schlichter Kliniksärge bei der Krankenhausleitung gegen Gebühr ausgeliehen werden kann.

Sauerstoff Natürlicher Lebensmittelzusatz, der in Krankenhauskantinen zum Ansäuern von Speisen verwendet wird, um die Stimmungslage des Pflegepersonals zu heben, denn sauer macht lustig.
(Versuchsweise Gabe von Süßstoff zeigte keine vergleichbare Wirkung.)

Saugader Markante, von Vampiren favorisierte Blutbahn. Erstmals beschrieben in der transilvanischen Anatomiefibel von 1805.

Scarlatina Neulateinisch für diplomierte Assistentin eines Kurpfuschers.

Schädelbruch Bereitet manchen Medizinern Kopfzerbrechen.

Schanker Barmixer mit Lizenz für Softgetränke (= Weicher Schanker), oder für hochprozentige Flüssigkeiten (= Harter Schanker).

Schaukeldiät Schlankheitsmahlzeit, die auf der Hollywoodschaukel liegend eingenommen werden muß.

Schenkelblock Im mittelalterlichen Folterkammern verwendeter Hackklotz, auf dem vermeintlichen Herzensbrechern ein Bein abgeschlagen wurde.

Scheuermann-Krankheit Unregelmäßig auftretender Putzfimmel bei Hausmännern.

Schilddrüse Ein kleines Organ, das bei Autofahrern eine heftige Überproduktion von Abwehrstoffen anregt, sobald sie sich einem Schilderwald nähern.

Schlafzentrum Ossi-Sprache für Treuhandgesellschaft. (*Anmerkung des aus Leipzig stammenden Lektors: Definition unzutreffend, denn: wer schläft, sündigt nicht. Treffender: Großraumbüro.*)

Schlaganfall Plötzliche Primitivreaktion gewalttätiger Raufbolde.

Schleimbeutel Umgangssprachlich für Komplimentemacher und Sprücheklopfer.

Schluckauf Traditioneller Zechergruß nach Feierabend.

Schnarchen Akustische Foltermethode, die ihre Opfer im Schlaf überwältigt und sie um denselben bringt.

Schnellender Finger Kosename für überaus geschickten Proktologen.

Schocktherapie Arzt erschreckt Patient. Äußerst durchblutungsfördernde Behandlungsmethode.

Schultergürtel Einseitiger Hosenträger.

Schuppenkrankheit Weitverbreitetes Leiden, daß vorrangig Pennbrüder und -schwestern befällt, die in lausigen Hütten nächtigen.

Schwangerschaftsstreifen Kleine perlmuttfarbene Streifen, mit denen Frauen vom Ministerium für Familie und Gesundheit bei jeder erfolgreichen Schwangerschaft ausgezeichnet werden.

Schweigepflicht Das ewige Lamento, die Mediziner würden zuwenig Worte über das verlieren, was sie mit ihren Patienten anstellen, ist völlig unberechtigt. Sie sind zu dieser Sprachlosigkeit schließlich gesetzlich verpflichtet.

Schwellkörper Abfällige Bezeichnung für wohlbeleibte Patienten.

Seekrankheit Das Wohlbefinden geht über Bord.

Seitenstechen Von der Bundesärztekammer im Zuge der Strukturreform empfohlene einseitige Akupunkturbehandlung von Patienten. (Siehe auch Rechtsmedizin.)

Sekretion Vorenthalten von Untersuchungsergebnissen um den Patienten nicht zu beunruhigen.

Selbstbeteiligung Gesundheitspolitische Maßnahme, die das Milliarden-Defizit der Krankenkassen abbauen soll: Patienten müssen künftig selbst Hand anlegen, wenn sie ärztlicher Behandlung bedürfen. In der Klinik beispielsweise, indem sie Betten selber machen, das Essen aus der Kantine holen und das Geschirr anschließend sauber abwaschen. Auch kleine operative Eingriffe sollen bald schon nach Schnittmusterbogen selbst durchgeführt werden. Beim niedergelassenen Arzt sind zeitraubende und wenig lukrative Untersuchungen, wie Blutabnehmen, Blutdruckmessen und sämtliche Urintests, selbst auszuführen.

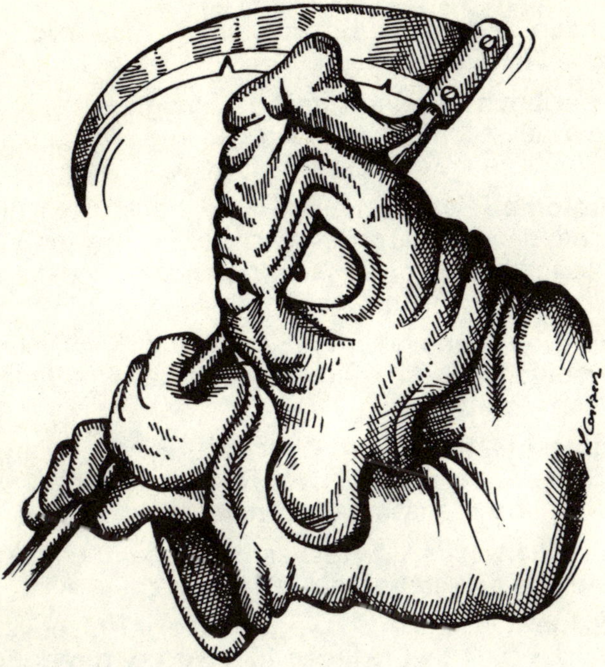

Sensus

Selen Esoterische Kurzform für Seelenwanderung.

Senilitas Handliches Trinkgefäß für greise Patienten.

Sensibilität Agrarwissenschaftlicher Ausdruck für Schnittfähigkeit der Getreidehalme.

Sensus Gehobene Bezeichnung für das volkstümliche Wort Sensenmann.

Serienbuch Gaunersprache: Einbrüche gelingen am laufenden Band. Anders als beim »komplizierten Bruch«, der wesentlich riskanter ist.

Serologie Eine aus dem angelsächsischen übernommene medizinwissenschaftliche Methode, die die mathematischen und physikalischen Auswirkungen der Null untersucht.

Shunt Vulgärenglisch für Schande. Ins Klinikdeutsch übertragen bedeutet es soviel wie lausige Behandlungsergebnisse.

Sigmaschleife Sehr wohlproportionierte, s-förmige Schleife, die den Kittel der Oberschwester auf dem Rücken fest zusammenschnürt.

Signifikanz Im italienischen Sprachraum ehrenvolle Anrede für einen verdienten Chefarzt.

Silizium Obligate Schweigeminute im Operationssaal, bevor die Chirurgen zum Skalpell greifen.

Sinister Lateinisch sinis = links. Erst in neuerer Zeit geprägtes Kunstwort für die von den linken Parteien gestellten Minister.

Sklerose Häufig bei kirchlichen Würdenträgern nachweisbar.

Solarplexus Sonnenbrand.

Solidus Schwesternlatein für heiratsfähigen Oberarzt, der äußerst gediegenen Hobbys frönt.

Sozialmediziner Vom Arbeitsamt entlohnter Facharzt, der sich direkt vor Ort um Sozialhilfeempfänger kümmert.

Spasmus Dauerhafter Zwang zum Lustigsein. Vergeht den davon Befallenen bereits nach kurzem Aufenthalt in bundesdeutschen Kliniken.

Speckleber Gutbürgerliches Pfannengericht, das wegen des hohen Cholesteringehaltes nur selten auf dem Speiseplan für Patienten steht.

Spezifisch Undefinierbares, freitägliches Fischgericht in der Krankenhauskantine.

Spica Ein seit Urgroßvaters Zeiten bewährtes Studienhilfsmittel, das nicht offen zur Schau gestellt wird.

Spiritismus Willentlich nicht unterdrückbares Verlangen nach alkoholischen Getränken.

Splen Ostfriesischer Dialekt. Entspricht der hochdeutschen Macke oder dem verrückten Tick. »Splenomegaly« ist im Ostfriesenlatein demzufolge eine besonders große Macke.

Sporogonie Zu deutsch: Sporenerzeugung . Reiterlatein für die handwerkliche Fertigung stabiler Sporen, die das Pferd auf Trab bringen sollen.

Sprechblase In urologischen Fachblättern häufig beschriebener Defekt der Harnblase, die bei der Entleerung laute Gluckergeräusche verursacht.

Sprechstunde Althergebrachter Terminus, der die Realität völlig falsch wiedergibt. Welcher Arzt hat schon Zeit, eine Stunde oder gar noch mehr mit dem Patienten zu sprechen? Ein weitaus realistischerer Ausdruch wäre »Sprechminute«, die dem Arzt nach der geltenden kassenärztlichen Honorarpauschale ja auch angemessen honoriert wird.

Spritze Eine bestechende Angelegenheit zwischen Schwester und Patient.

Sputum Neulateinisch für Schnelligkeit.

Stenose Zwanghafter Drang von Studenten, die kompletten Vorlesungen in Kurzschrift festzuhalten.

Sternal Veraltete Richtungsbezeichnung, nur noch in der Medizin verwendet. Bedeutet: nach oben, zu den Sternen hin.

Stethoskopieren Fachwort für den seltenen Zustand, daß der Arzt ein Ohr für den Patienten hat.

Stickhusten Saisonale Atemwegserkrankung bei Frauen, die zur kalten Jahreszeit weihnachtliche Stickereien (auf Stickstoff) anfertigen.

Stilbene Berliner Mundart für dünne, kerzengerade Beine.

Stoffwechsel *Erstens:* Klinikjargon für das Bettenbeziehen.
Zweitens: Seit der Seehofer-Reform auch für gegenseitigen Kitteltausch (im Zuge der geforderten Sparmaßnahmen) verwendet.
Drittens: Drogenszeneausdruck, zum Beispiel für Umsteigen von harten Stoffen auf Methadon.

Strabismus Leidenschaftliche Vorliebe für Unterwäsche mit Strapsen.

Streptokokken Exhibitionismus verursachende Erreger und somit Erreger öffentlichen Ärgernisses.

Stripping Englisch für künstlerische Darbietung einer Nackttänzerin. »Strippers-Asthma« ist eine typische Folgeerscheinung, wenn die Lokalitäten schlecht beheizt sind.

Strophulus Ehrenbezeichnung für ein Vorstandsmitglied der Dichterärzte e.V.

Stuhlinkontinenz Erfahrungskundlicher Ausdruck für die Erkenntnis, daß leicht etwas in die Hose gehen kann, wenn einer zuviel Wind macht.

Stuhluntersuchung Bei Chefärzten nach dem Urlaub üblicher Test, um festzustellen, ob Kollegen zwischenzeitlich an ihrem Stuhl gesägt haben.

Stützverband Mit der Gesundheitsreform ins Leben gerufene Hilfsorganisation für notleidende Ärzte, die in Zusammenarbeit mit den örtlichen Sozialämtern die erforderlichen Unterstützungszahlungen an die Heilkundler leistet.

Subcutan Zu gut deutsch: unter der Kutte. Verwaltungsmäßig im übertragenen Sinn verwendet für die schlichte und strapazierfähige Dienstunterwäsche der Ärzte und des Pflegepersonals.

Subfebril Englisch-römisches Kunstwort für heiße Suppe.

Suspensorium Gewählte Jury in der Bundesärztekammer, die über die einstweilige Dienstenthebung von Kollegen entscheidet.

Sympathikus Spitzname für freundlichen Arzt, der bei allen Schwestern und Patienten äußerst beliebt ist.

T

Tabes Arbeitspsychologische Adaption des hessischen »Dabbes«. Steht für unverbesserlichen Tolpatsch. Im Klinikbetrieb häufiger Eintrag in Personalakte von Jungärzten.

Tabula rasa Spezialregister in der Verkehrssünderkartei.

Tachykardie Ordnungshüter-Fachchinesisch für die Tacho-Karte, ein fälschungssicheres Stück Pappe, auf dem Automobilisten sorgfältig ihre Spitzengeschwindigkeiten notieren müssen, sobald sie in der Tabula rasa (siehe dort) geführt werden.

Tactilus Ehrenvoller Beiname für einen höflichen und äußerst taktvollen Stationsarzt.

Tagesprofil Das typische Aussehen des Arztes nach Beendigung der dreitägigen Nachtschicht: Blasses Gesicht, tiefliegende dunkel umrandete Augen, schmaler Wittwenmund.

Talaris Kostümierungszwang von Juristen und Seelsorgern.

Telepathie Krankheitszeichen, die der Patient erst an sich bemerkt, wenn die Symptome in einer medizinischen Ratgebersendung im Fernsehen vorgestellt wurden. Das Phänomen heißt in Fachkreisen auch Morbus Mohl.

Tendo Berühmter japanischer Forscher. Erfinder des Mikado.

Tenside Aus dem Amerikanischen für zehnseitiges wissenschaftliches Konglomerat.

Testis Studentenlatein für kurze, leichte Zwischenprüfungen.

Tetralogie Spezialgebiet der mathematischen Philosophie. Befaßt sich mit dem Sinn und den Ursprüngen der Zahl Vier in Forschung und Praxis. (Siehe auch Virologie.)

Thiram Wichtiger Grundstock für eine schaumige Süßspeise aus Italien. Weitere Zutaten: etwas Sahne, Alkohol, Kaffee, Biskuits und drei Eßlöffel Salmonellen.

Thymus Vereinzelt vorkommende Gewürz- und Heilpflanze aus der Gruppe der Thymiangewächse.

Tibia Angehörige eines Volksstammes im Hochland von Zentralasien.

Tonisieren Beharrliche Versuche des Ärzteorchesters, den Ton über längere Strecken zu halten.

Tonsille Fachausdruck für kreisrunde, kahlgeschorene Stelle auf dem Kopf von Versuchspersonen, die ein garantiert zuverlässiges Haarwuchsmittel testen müssen.

Trance Gehobener arbeitsmedizinischer Ausdruck für eine Tran-Suse.

Translokation Toxikologenneudeutsch für Kneipenwechsel.

Traumanase Superlativ der Schönheitschirurgen für prächtigen Riesenzinken.

Tripper Erst in neuerer Zeit geprägter Begriff für Rauschgiftsüchtigen, der gerade seinen Stoff genommen hat und nun »auf dem Trip« ist. (Siehe auch Stoffwechsel)

Truncus Medizinerlatein für Trunkenbold.

Tussis Veralteter Plural aus der Halbstarkensprache für attraktive Zeitgenossinen. Konkurrierte seinerseits mit Synonymen wie »Steile Zähne«, »Kesse Bienen« oder »Flotte Käfer«.

Tyrosin Leichtes benzin zum Antrieb von Rollstühlen. Wird Gehbehinderten auf Antrag von der Krankenkasse erstattet.

T-Zelle Kleiner Pausenraum im englischen Krankenhaus.

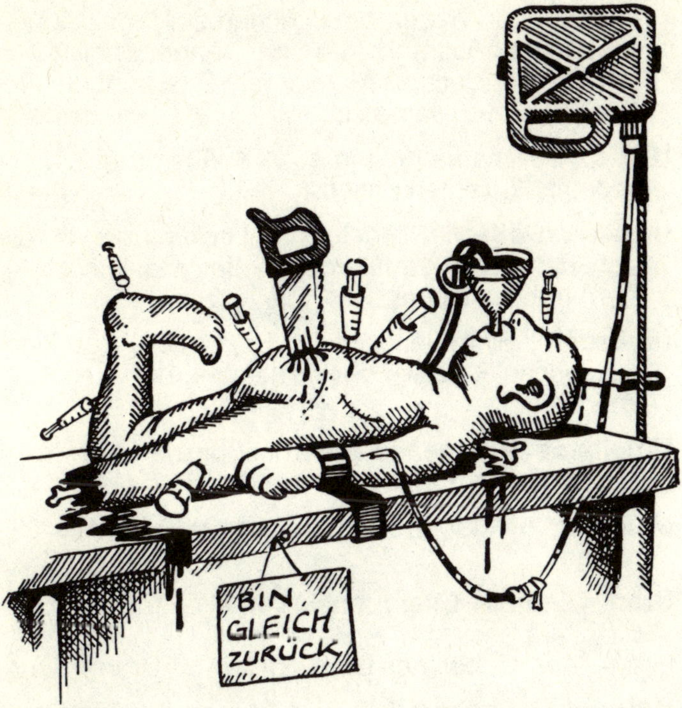

Übungstherapie

U

Übungstherapie Für Patienten in Universitätskliniken eine obligatorische Maßnahme, die es den angehenden Ärzten ermöglichen soll, durch unermüdliches Ausprobieren der ungewöhnlichsten Behandlungstechniken reichlich Erfahrungen fürs Berufsleben zu sammeln.

Ulkus Spitzname für immer zu Späßen und Albernheiten aufgelegten Patient.

Ultrakurzwellen Pflegeleichte Lockenfrisur, in die sich das gestärkte Häubchen der Krankenschwestern hübsch einfügt.

Umbruch Eingedeutscht für Reposition, das fachmännische Geraderücken eines gebrochenen Knochens.

Unfallarzt Krankenhausinterner Spitzname für einen Mediziner, dem allzu oft etwas daneben geht.

Unikum Akademikerslang für emsigen Universitätsgänger.

Uran *Erstens:* Energischer Vorfahre, lebte in der Metallzeit.
Zweitens: Lieber 'nen Urahn im Iran als Uran im Urin.

Urangst Unbegründete Furcht der Chronologen, daß die Zeit eines Tages stillstehen könnte.

Urologe Akademisches Wort für Uhrmacher.

V

Vaginismus Neulateinisch = umherziehen. Gehobene Bezeichnung für das nervöse Hin- und Herlaufen der Väter vor der Entbindungsstation.

Veitstanz Altertümlicher Ausdruck für geselligen Schwof in der Nervenheilanstalt.

Venen Die legitimen Nachkommen der Venus.

Vererbungsgesetze Alle familienrechtlichen Paragraphen, die sich mit den Fragen der Testamentsvollstreckung befassen.

Vernebler Juristenjargon für undurchsichtigen Angeklagten im Kunstfehlerprozeß.

Verstopfung Äußerst gründliches Verschließen einer Wunde durch kunstvolle Stiche.

Virologie Praktische Weiterentwicklung der Tetralogie (siehe dort): Lehrt die Kunst, alle Viere von sich zu strecken.

Vorbeugen Heilgymnastische Übung für Beamtenanwärter.

W

Wackelkontakt Arzt-Patienten-Gespräch, bei dem der Funke noch nicht übergesprungen ist.

Wanderherz, Wanderniere Kostenlose Spenderorgane, die nach Gebrauch unverzüglich an den nächsten Empfänger weitergeben werden müssen.

Weckamine Typisch verpennter Gesichtsausdruck eines Langschläfers, nachdem die Uhr viel zu früh geklingelt hat.

Wirbelgleiten Beliebte Wintersportart, die ohne Hilfsmittel von jedermann ausgeübt werden kann. Man/frau muß sich lediglich auf den Rücken legen, die Beine fest anziehen und mit Schuß einen holperigen Hang hinabwirbeln.

Wochenbett Verbilligte Liegestatt im Krankenhaus, die im Zuge der allgemeinen Sparmaßnahmen nur noch einmal wöchentlich mit frischen Laken bezogen wird.

Wollust Heftiger Drang der meist weiblichen Patienten, sich die Zeit im Krankenhaus durch emsiges Stricken und Häkeln zu vertreiben.

Wundverband Sanitätstruppe im Einsatz.

Wundverschluß Gelingt nur, wenn der Chirurg alle Fäden in der Hand hat.

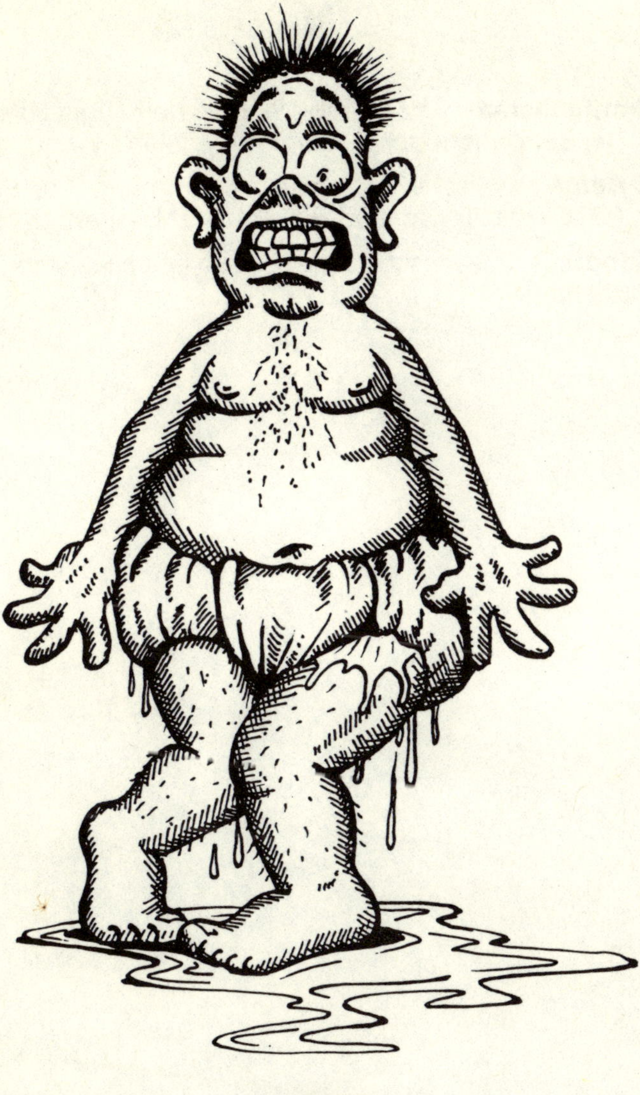

X-Beine

X

Xanthelasma Knötchenbildung an den Augenlidern bei Bewohnern der Gegend um Xanten.

X-Beine Typische Extremitätenverformung bei Patienten mit Nieren- und Blasenerkrankungen.

Xundheit Bayerische Reaktion auf einen lautstarken Nießer.

Y

Yellow press Von Heilkundlern aller Sparten geschätzte aktuelle medizinische Aufklärungsschrift für uninformierte Patienten und solche, die es werden wollen.

Yoga Die Meditation steht kopf.

Yohimbin Aphrodisiakum. Soll in gewissen Dosen wahre Wunder wirken.

Ysop Griechischer Gelehrter, passionierter Teetrinker. Sammelte Unmengen von Bienenkraut.

Z

Zahnarzt Mediziner, der das Übel an der Wurzel packt.

Zähne gut, alles gut Nervraubende Honorarphilosophie der Zahnkundler.

Zähneknirschen Häufig zu hörendes Geräusch auf dem Ärztetag.

Zahnextraktion Mut zur Lücke . . .

Zahnhals Typisches Aussehen eines Halses, an dem sich ein blutsaugender Vampir schadlos gehalten hat.

Zangengeburt Neuregelung des Paragraphen 218.

Zapfenstreich Der von der Oberschwester festgelegte Termin vor der Nachtruhe, bis zu dem der Patient sein Zäpfchen genommen haben muß.

Zerebrum Synonym für Brummschädel. Erworbene, mitunter chronisch auftretende Mißempfindung, häufig beobachtet nach übermäßigem Alkoholgenuß. Bisher unwiderlegte Studien sehen einen klaren Zusammenhang zwischen Promillegrenze und vorhandener Gehirnsubstanz.

Zeugungsunfähigkeit Bekanntes Phänomen vor Gericht, bei dem sich Zeugen durch plötzliches Unwohlsein einer erhellenden Aussage entziehen.

Zoster Sächsische Mundart für Arzthonorar.

Zungenlaute Arabisches Saiteninstrument, das mit der Zunge kräftig gezupft wird.

Schimpfwörterbücher

In allen Regionen der Bundesrepublik wird geplärrt, gemotzt, gebläkt, genörgelt, geknoddert und rumgemuckt. Und das nicht zu knapp. In der mundartlichen Umgangssprache klingt so manches deftige Wort gleich viel vertrauter.
Überall gibt es herrliche Ausdrücke zum therapeutisch wertvollen Frustabbau. Mit Tausenden von Schimpfwörtern wird in dieser Buchreihe eine humorvolle »Schimpfologie« Deutschlands erstellt. Die Begriffe sind mit nicht immer ganz so ernst zu nehmenden Erklärungen versehen und mit Zeichnungen, zum Teil von dem Comic- und Cartoonzeichner Lars Contzen, illustriert.

Bereits erschienen sind:

Das Hessische Schimpfwörterbuch
Das Fränkische Schimpfwörterbuch
Das Sächsische Schimpfwörterbuch
Das Hamburger Schimpfwörterbuch
Das Bayerische Schimpfwörterbuch
Das Rheinische Schimpfwörterbuch
Das Ruhrgebiet Schimpfwörterbuch
Das Märkische Schimpfwörterbuch
Das Schwäbische Schimpfwörterbuch
Das Saarländische Schimpfwörterbuch
Das Pfälzische Schimpfwörterbuch
Das Friesische Schimpfwörterbuch
Das Niedersächsische Schimpfwörterbuch
Das Mecklenburgisch-Vorpommersche Schimpfwörterbuch

Weitere sind in Vorbereitung.
Jeweils 80 Seiten, mit vielen Abbildungen, im Buchhandel für DM 9,80 erhältlich.